Page 98

Page 146

Dourov, ou la liberté virtuelle

Le fondateur de la messagerie Telegram, arrêté en France en août dernier, est-il le chantre de la liberté d'expression qu'il a toujours prétendu être ? L'auteur de son portrait, réalisé pour « XXI » en 2019, trace les contours d'un manipulateur cynique.

N° 47 La liberté comme argument de vente, c'est ce qui m'avait interloqué en écrivant, en 2019 pour *XXI*, le portrait de Pavel Dourov. Le fondateur de VKontakte (le « Facebook russe ») puis de la messagerie Telegram a été arrêté à Paris le 24 août dernier puis mis en examen… précisément pour des questions relatives à la liberté : pédophiles, terroristes, narco-dealers et complotistes de tout poil utilisent ses applications sans contrôle. À vrai dire, le terme « interloqué » est faible, tant le fossé m'était apparu grand entre le libertarianisme affiché du jeune homme et son mépris profond, philosophique, de la liberté. Dans sa ville natale de Saint-Pétersbourg, à la rencontre de ses anciens professeurs, amis d'enfance ou collègues, je m'étais rendu compte combien ce dédain était à l'origine même de son entreprise, de la vision du monde qui l'anime et innerve ses projets. Dans ses premières activités numériques, Pavel Dourov s'était choisi comme identifiant… « L'architecte ». Comme le « Grand Architecte », celui qui manipule les âmes, mais cette fois en modérant les tchats et en ayant la haute main sur les algorithmes. Au cours de mon enquête, j'ai aussi compris que, de ses années de collège et de lycée dans un établissement de l'élite intellectuelle locale, il avait retenu, comme je l'ai écrit pour *XXI*, « *de noires leçons sur la liberté toute relative de l'homme, la facilité avec laquelle il se laisse manipuler* ». Au point que lorsque Dourov, alors étudiant à la fac de langues, a lancé ses premiers réseaux sociaux, il l'a fait fort de cette idée qu'« *encourager chacun à revendiquer sa liberté est en réalité le meilleur moyen de le manipuler* ». C'est ce qui fait bouger les foules. Et c'est ainsi que les porte-monnaie s'ouvrent. D'où Dourov postant sur Instagram des photos de lui torse nu au milieu du désert dans une pose évoquant *300*, le film qui raconte le combat de 300 Spartiates pour la liberté de leurs compatriotes. D'où Dourov se posant ces dernières années en ennemi viscéral de la Russie de Poutine, où il était trop dangereux pour lui de se rendre… jusqu'à ce que soient révélés fin août les plus de cinquante voyages qu'il y a effectués entre 2014 et 2021. Voilà l'argument marketing de la liberté mis à mal, d'autant que le premier à défendre Dourov après son arrestation à la descente de son jet privé sur l'aéroport du Bourget ce jour d'août, dénonçant la « *censure* » que la France veut imposer au patron de Telegram, n'a été autre que le Kremlin.

Régis Genté

Archive à lire en accès libre.

LES VOYAGES SONT PARFOIS IMMOBILES. Et ce n'est pas un gamer qui dira le contraire. Devant son écran, ou plutôt plongé à l'intérieur, il clique frénétiquement avec son index, tape du pied, hoche la tête et, soudain, se met à hurler comme s'il se trouvait sur la pelouse du Parc des Princes.

BIENVENUE CHEZ LES ESPORTIFS ! Alors que plus de dix millions de personnes en France s'enflamment pour les jeux vidéo, ils ne sont encore qu'une poignée à en vivre, quelques centaines à peine. La première génération de joueurs à toucher un salaire. Et surtout à enrichir tout un écosystème : éditeurs, sponsors, diffuseurs…

MAIS LES GEEKS GRANDISSENT AUSSI. Ceux que nous avons rencontrés chez Kyutai travaillaient auparavant chez Meta, Microsoft ou Google. Qu'est-ce qui a pu pousser ces génies de l'informatique à rejoindre, à Paris, ce petit laboratoire aux salaires modestes ? Et à devenir des moines de l'IA ?

EN MODE SLOW, ELLES AUSSI, elles retapent des épaves, de vieilles guimbardes, pour en faire des objets de luxe à bord desquels elles paradent dans les rues de Los Angeles. À 10 à l'heure. Crânement. Un récit photographique d'émancipation, à savourer au ralenti.

LUI A ÉTÉ FORCÉ À L'ARRÊT. Le journaliste français Antoine Galindo s'est retrouvé emprisonné en Éthiopie pour avoir rencontré un opposant politique. Dans une cellule surpeuplée, le reporter a sorti son carnet de notes, sur lequel ne restaient que trois pages vierges. Alors, il a tout mémorisé : les codétenus chinois, le chantage au visa… pour raconter, de l'intérieur, un régime inquiet et de plus en plus arbitraire.

IL SUFFIT DE LEVER LES YEUX. Ce voyage-là abat les murs, ouvre les horizons. Stéphanie Ruphy est astrophysicienne et philosophe. Depuis la toute nouvelle chaire qu'elle dirige à l'École normale supérieure, elle regarde l'espace en se demandant à qui appartient l'immensité.

Bienvenue à bord.

Elsa Fayner, rédactrice en chef

XXI
REVUE21.FR

SOMMAIRE

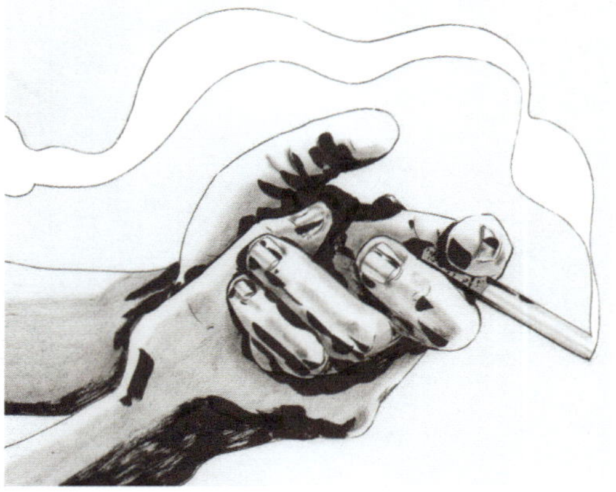

Page 18

Page 34

MIRAGE

Qui s'occupera de nos aînés d'ici à 2050 quand le nombre de plus de 75 ans aura doublé en France ? Aux maires des petites

POUR LE

communes, des entreprises privées proposent des alternatives alléchantes. Ainsi d'Âges & vie, qui construit depuis 2008

TROISIÈME

des colocations « all inclusive » pour personnes âgées. L'enthousiasme suscité est à la hauteur de la désillusion que certains vont connaître.

ÂGE

Par Laurence Delleur — Illustrations Matthieu Chiara

Colocs en stock

Notre enquête sur Âges & vie – et ses habitats partagés pour seniors – a-t-elle amené l'entreprise à s'amender ?

N° 66 Début mai 2024, ça s'agite dans les bureaux d'Âges & vie. La filiale du groupe Korian, devenu Clariane, spécialisée dans les colocations pour personnes âgées, est au cœur d'une vaste enquête de Laurence Delleur, que vient de diffuser la Radio télévision suisse (RTS), avant son passage sur Arte quelques jours plus tard. Dans son documentaire ainsi que dans son récit pour *XXI*, la journaliste dresse le portrait d'une entreprise prête à tout pour se développer.
Ses maisons manquent de personnel, son site Web fait de la publicité considérée comme mensongère par les familles, la distribution de médicaments à ses clients est dysfonctionnelle… Ce genre de coup de projecteur n'est pas bon pour les affaires, il faut réagir.
Dès le lendemain de la première diffusion, l'entreprise écrit à plusieurs présidents de départements. Elle leur envoie un communiqué de presse, affirmant que « *le projet d'entreprise est aux antipodes de la logique industrielle décrite* [dans le documentaire, NDLR] ». La société y affirme notamment avoir mis fin à la facturation des appels et interventions de nuit dans les colocations « *avant la préparation du reportage* ». Or, notre enquêtrice a eu, au contraire, la confirmation – par la directrice de la communication de l'entreprise – que la fin de cette pratique avait été actée alors qu'elle était en pleine investigation, et à la suite d'une enquête ouverte par la Direction générale de la concurrence, de la consommation et de la répression des fraudes.
Depuis, plusieurs colocations ont ouvert. Lors de la présentation de ses résultats financiers, Clariane s'est vanté de la forte croissance, au premier semestre 2024, de son « *activité Domiciles et habitats partagés* », dont fait partie Âges & vie.

L'escroc au repos

N° 64 **Il voulait voir sa peine allégée. Elle a été alourdie. Au printemps dernier, la cour d'appel de Nancy a de nouveau condamné Dmitri Malinovsky et sa compagne Olga Kalina dans l'affaire du château de La Rochepot, que vous avez découverte dans les pages de notre numéro 64. Clara Hesse y racontait comment cet exilé ukrainien s'était fait passer pour mort dans son pays d'origine pour échapper à des millions d'euros de dettes et à des accusations judiciaires d'escroqueries, pots-de-vin et corruption.
En rachetant ce château bourguignon, l'escroc flamboyant espérait reconstruire sa vie, loin de ses créanciers et de la justice ukrainienne. Au lieu des quatre ans et demi de prison prononcés en première instance, il a écopé d'une peine de cinq ans, dont six mois avec sursis. Quant à Alexandru Arman, l'ex-chauffeur du châtelain promu gérant du lieu, il a vu sa peine de six mois de prison, dont quatre avec sursis, confirmée. Le château, lui, se retrouve dans les mains de l'État, qui pourrait le revendre.
Au village, les habitants, témoins de sa lente dégradation, n'attendent que ça.**

20 millions

C'est le nombre de visionnages de la dernière saison de la série *Emily in Paris,* quatre jours après sa sortie sur Netflix en août 2024. Une scène du premier épisode se déroule dans la salle de boxe du Temple Noble Art, où *XXI* s'est rendue pour le reportage « Sur le ring des boss » (n° 65). Alfie, le personnage qui vient y suer, a le profil des interlocuteurs que nous avions interrogés : un financier évoluant dans des cercles aisés.

Auprès de leurs arbres

N° 65 Après la parution de son témoignage dans *XXI,* le notaire Benoît Hartenstein, à l'origine de la protection des arbres par testament en France, a été contacté par une consœur de l'Hérault, lectrice de la revue. *« Elle s'est demandé pourquoi elle n'avait pas pensé à protéger les arbres de cette façon »,* raconte l'intéressé. Grâce à elle, le notaire devrait donner des cours en 2025 à l'INFN, l'école du notariat. Son objectif : sensibiliser les futurs professionnels à la cause.

Les tourments du pénaliste

En 2012, un avocat mystifié par son client témoignait dans « XXI ». Son histoire est aujourd'hui un film.

Le Fil met en scène le face à face entre un père de famille accusé du meurtre de sa femme (Nicolas Gadebois) et son avocat (Daniel Auteuil).

JULIEN PANIÉ / ZAZI FILMS

N° 17 Le réel est parfois si extraordinaire qu'il ressemble à de la fiction. C'est ainsi que Daniel Auteuil s'est saisi de l'incroyable récit de l'avocat Jean-Yves Moyart pour écrire et réaliser *Le Fil*. Le long métrage, sorti au cinéma en septembre 2024, raconte une histoire vieille de plus de dix ans, racontée par l'avocat lui-même sur son blog puis dans les pages de *XXI,* en 2012. Un an plus tôt, le pénaliste au barreau de Lille doit défendre Ahmed, père de six enfants, accusé d'avoir assassiné son épouse. Pour Maitre Mô, son pseudo de blogueur, tous les indices laissent croire que son client est innocent. *« C'est une chose de plaider un acquittement parce que rien dans le dossier, selon vous, ne permet de condamner un homme,* écrit-il. *C'en est une autre d'être l'avocat d'un prévenu dont vous êtes totalement persuadé de l'innocence, la "vraie". »* Dans l'arène de la cour d'assise, il se bat jusqu'au bout. Une lutte dont il n'avait pas prévu le dénouement à double détente : alors qu'il vient d'apprendre la condamnation de son client, ce dernier lui avoue sa culpabilité. Le ténor trompé s'était alors tourné vers son blog, pour y raconter cette mystification. Jusqu'en 2017, le Nordiste y a chroniqué ses aventures judiciaires d'une plume sensible, parfois drôle. Ses billets ont fait l'objet d'un livre, *Au guet-apens* (éd. de La Table ronde). Désormais, les histoires de l'avocat écrivain, décédé en 2021, se regardent au cinéma.

Archive à lire en accès libre.

Rubrique coordonnée par Rémi Bayol

COURRIER DES LECTEURS

GROS GABARIT

Je souhaiterais que « XXI » paraisse dans un format plus petit avec des parutions plus fréquentes pour une facilité de lecture et de suivi.

Johann Laloué

XXI Merci pour cette réflexion. Nous aussi, nous aimons le papier, le humer, le feuilleter, le poser et le reprendre encore. Mais notre artisanat ne nous permet pas de paraître plus fréquemment. C'est pourquoi nous avons lancé notre site, Revue21.fr : pour que nos reporters, enquêteurs et conteurs vous accompagnent au quotidien.

Ballet de l'Élysée

Chère rédaction de *XXI*, une simple remarque, à propos du numéro 65 : je suis étonnée d'y voir figurer deux articles ayant comme personnalité principale Emmanuel Macron (« Ombres au tableau de la République » et « Anatomie d'une chute »). Je ne regrette pas la pertinence journalistique de ces articles, seulement un (petit) manque de diversité – que j'ai toujours tant appréciée dans votre revue. En attendant les articles du prochain numéro, que je compte bien *« dévorer comme des romans »*, bon courage à l'ensemble de la rédaction !

Amandine Chocteau

XXI Merci pour votre fidélité. La présence du chef de l'État dans plusieurs de nos articles en dit long sur les liens entre art et politique, ainsi que sur la relation de la France avec le Sahel. Mais nous restons vigilants. Nous n'oublions pas d'aller voir ailleurs.

Un article vous plaît, vous déçoit, vous émeut, vous agace ?

Envoyez-nous vos réactions à redaction@revue21.fr

Un été à la page

Bonjour, j'ai profité de mes vacances pour acheter de la presse (moment incontournable). J'ai pris le numéro d'été de votre revue. Ravi d'avoir fait ce choix. Le prix est un peu élevé, mais le produit est assez qualitatif tant sur le contenu des enquêtes (l'angle et les sujets) que sur la forme (joli papier utilisé, le marque-page, format agréable et belle impression). Fan de BD, je trouve aussi super d'aborder un sujet d'actualité (Atos) sous ce format. Bref, je pense que je le rachèterai volontiers. A. S.

Bouddha au nirvana

J'aimerais beaucoup savoir ce qu'est devenu le Bouddha en bois sculpté, mentionné à la fin de l'enquête sur l'escroc déclaré mort en Ukraine. Est-ce qu'un riche milliardaire l'a acheté ? **Charles**

XXI Dans l'article « Décédé, il menait grand train » (paru dans le numéro 64), consacré à l'escroquerie de Dmitri Malinovsky, nous faisions état de la mise aux enchères du mobilier du château de La Rochepot, afin de solder une partie des dettes. D'après *Les Échos*, l'opération aurait rapporté 450 000 euros. Quant au Bouddha en bois sculpté de l'impératrice Tseu-Hi, il a été adjugé 59 425 euros à Jean-Claude Bernard, propriétaire de l'hôtel 5 étoiles Le Cep, à Beaune. Où il trône désormais dans la salle des petits déjeuners.

Maux croisés

Psychologue de la douleur, l'Américaine Rachel Zoffness œuvre à sortir du tout-médical pour traiter les souffrances physiques chroniques. Une approche novatrice aux États-Unis, où la prescription d'opioïdes a causé 120 000 décès en 2023.

À chacun de ses passages dans des podcasts américains, elle fait sensation. La voix est assurée, le propos limpide, et son audience conquise. La recette de cette psychologue installée en Californie tient en une formule que connaissent déjà les neurosciences mais qu'elle est une des premières à livrer aussi distinctement au grand public : « *La douleur n'est pas qu'une sensation du corps, c'est un phénomène biopsychosocial.* » Son livre publié en 2020, *The Pain Management Workbook* (« Le manuel pour gérer la douleur »), non traduit, a été un succès de librairie.

Biopsychosocial ? Le gros mot est lâché, et Rachel Zoffness prend plaisir à l'expliciter, haussements de sourcils à l'appui. L'idée communément admise est que la douleur serait exclusivement créée par la partie du corps qui souffre, le dos ou le genou, par exemple – c'est la partie bio. Ses études en neurosciences, menées il y a plus de vingt ans, lui ont appris que « *bien d'autres facteurs contribuent à la sensation de douleur* » : l'humeur, le stress, l'anxiété, les traumas, la confiance dans notre capacité à se rétablir. Tout ceci forme, pour reprendre son image fétiche, les « *ingrédients* » de « *chaque recette douloureuse* ». Pédagogue, Rachel Zoffness aime donner l'exemple banal du pied que l'on cogne contre un meuble dans son salon. « *Si cela arrive dans un moment d'anxiété, vous ressentirez plus intensément la douleur que si vous êtes dans un cadre apaisant.* » Voilà pour la partie psychosociale.

Cohortes d'addicts

Une définition aux conséquences majeures pour le traitement des douleurs chroniques, réalise-t-elle pendant ses années de clinique post-thèse, où elle ouvre son cabinet privé. « *Tant que l'on réduit la douleur chronique à sa dimension biomédicale, on ne pensera à la traiter qu'avec la chirurgie et les antidouleurs.* » Or, aux États-Unis, la prescription systématique d'opioïdes à partir des années 1990 a créé des cohortes d'addicts et de nombreux décès – 120 000 morts de surdose, rien qu'en 2023. À l'évocation de cette épidémie, le ton placide laisse place à la colère chez Rachel Zoffness. « *Pourquoi la vérité à propos de la douleur est-elle restée confidentielle, cantonnée à des articles de recherche ?* » La vulgarisatrice incrimine la vision réductrice de la douleur promue par les labos pharmaceutiques et leurs « *milliards de dollars de marketing* ».

Avec ses patients, Rachel Zoffness intervient sur les facteurs psychosociaux qui participent de leur état douloureux.

ILLUSTRATION CHEZ GERTRUD

Ici, un programme jour par jour pour améliorer l'alimentation ou la qualité du sommeil, là des efforts pour reprendre une activité sociale dont la douleur avait privé le patient. Lui est aussi venue l'idée d'y ajouter de la méditation – qu'elle pratique elle-même chaque matin – dont la littérature neuroscientifique a démontré les vertus pour réduire le stress, ce grand pourvoyeur de migraines, de maux d'estomac ou de dos. Régulièrement, elle se heurte au scepticisme de ceux qui, à l'idée de consulter une psy et de méditer, roulent des yeux. « *Ils pensent que cela revient à dire que la douleur n'est que dans leur tête, qu'elle n'est pas réelle.* »

Le mot se répand à San Francisco, et elle voit affluer de nombreux patients.

En 2012, une médecin lui envoie un ado victime de sévères migraines pour lequel aucune médication ne fonctionne. En six mois, sa méthode fait des merveilles, et le jeune retrouve sa vie sociale, raconte-t-elle non sans fierté. Le mot se répand dans la baie de San Francisco, et elle voit affluer de nombreux patients, jeunes d'abord, puis de tous âges.

Aujourd'hui, face à la centaine de candidats sur liste d'attente, le cabinet du docteur Zoffness ne prend plus de nouveaux patients. La psychologue aux faux airs de Joconde, qui ne veut pas être vue comme une inventrice, mais plutôt comme une passeuse de science, prépare actuellement un nouveau livre sur la douleur. Pas un guide pratique cette fois-ci, mais un ouvrage théorique. « *C'est le projet le plus dur sur lequel j'ai eu à travailler jusqu'ici.* » Dur… ou douloureux? **Nicolas Gastineau**

Le perce-neige

Symon Welfringer est connu pour ses exploits d'alpiniste. Moins pour son métier parallèle : ingénieur chez Météo-France, sur des terrains que lui seul arpente.

Au mois de novembre, quand la neige commence à s'accumuler sur les pentes des Alpes françaises, Symon Welfringer enfile ses skis. L'alpiniste professionnel, qui a notamment ouvert une nouvelle voie au Népal au printemps dernier, arpente alors la montagne pour le compte… de Météo-France. Sa mission : étudier les caractéristiques de la neige et estimer les risques d'avalanche.

Jamais avant lui l'institut n'avait fait appel à un alpiniste de son niveau. Grâce au trentenaire – qui n'hésite pas à partager ses déboires avec ses 20 000 followers sur Instagram –, Météo-France a accès à des itinéraires en très haute montagne, qu'il est le seul à emprunter. « *Quand je suis là-haut, je regarde la hauteur d'enneigement et l'humidité. Concrètement, je tâte la neige. L'idée, c'est d'estimer la manière dont le manteau neigeux va évoluer dans les jours qui suivent* », explique-t-il, cheveux en bataille et fine moustache. En tenant compte du vent et d'autres éléments météorologiques, Symon Welfringer rédige ensuite des bulletins utiles aux guides, secouristes et autres professionnels de la montagne.

Si cet enfant de la Moselle est devenu un rouage essentiel de la machine à prévisions, rien ne le prédestinait à la haute montagne. Au lycée, son truc, c'est l'escalade, mais un ami lui fait découvrir crêtes, rimayes et glaciers. En 2017, à la fin de ses études, alors qu'il recherche à allier sa curiosité scientifique et un travail de terrain, il intègre Météo-France comme ingénieur. Avec, dès le début, le projet de devenir guide de haute montagne et alpiniste.

Nivologie balbutiante

« *En nivologie* [discipline étudiant le comportement de la neige, NDLR], *le terrain est essentiel. Quand j'ai vu arriver Symon, j'ai su qu'il pouvait être intéressant pour notre service*, se remémore Serge Taboulot, l'ancien chef du centre météo des Alpes du Nord, aujourd'hui à la retraite. *Je l'ai aidé à aménager son emploi du temps pour qu'il passe son diplôme de guide.* » Une décision difficile, car la formation s'étale sur trente mois.

« *Mais je l'ai vu comme une opportunité*, poursuit-il, *car Symon est aussi un excellent scientifique.* » Et la nivologie en est encore à ses balbutiements. L'étude de terrains ardus permet ainsi à Météo-France d'étoffer sa connaissance du manteau neigeux et d'établir des modèles scientifiques. Avec un enjeu de taille : l'impact du réchauffement climatique sur les risques d'avalanche, encore méconnu.
Hugo Nazarenko

Des racines et des ailes

Ancienne ingénieure de l'Office national des forêts, Daisy Copeaux a convaincu les propriétaires du domaine de Chantilly d'explorer une nouvelle sylviculture. En jeu : la survie des arbres face au réchauffement climatique.

« *Mais que vont devenir mes pépères ?* » On est en 2018. Un diagnostic santé de la forêt du château de Chantilly révèle qu'un tiers des chênes, soit 50 000 gros arbres, sont menacés de disparition d'ici vingt ans. Pour Daisy Copeaux, alors en charge de la gestion de ce domaine à l'Office national des forêts (ONF), l'idée est insupportable. L'ingénieure, qui a grandi dans l'Aisne à l'orée de la forêt de Retz, une des plus belles de France, est viscéralement attachée aux arbres.

Or, cela fait plusieurs années qu'elle voit, avec ses collègues, leur situation se dégrader sur le terrain. La méthode des coupes rases qu'elle applique, et qui consiste à abattre massivement les arbres d'une parcelle avant d'en planter d'autres, a été efficace pour renouveler la forêt et augmenter la production de bois. Mais, estime l'ingénieure, elle ne fonctionne plus depuis que le réchauffement climatique s'intensifie : « *Les coupes rases ont créé des corridors dans lesquels la fournaise s'installe. En plein soleil, les jeunes plants n'arrivent plus à pousser. Par ailleurs, les sols mis à nu facilitent la prolifération des hannetons, qui consomment les racines et les feuilles des arbres. Enfin, certains de mes pépères dépérissent sur pied car il leur manque en moyenne 120 litres d'eau par jour.* » On l'incite pourtant à continuer les coupes rases. Daisy Copeaux se retrouve entre le marteau et l'enclume.

Alors, cette battante, aussi frêle que déterminée, n'hésite pas : elle quitte l'ONF et intègre l'Institut de France, propriétaire du domaine de Chantilly depuis 1886 quand le duc d'Aumale lui en a fait don. Surtout, elle devient l'adjointe de son ex-interlocuteur, le général Jérôme Millet, qui administre la forêt. Un chef idéal, prêt à avancer, se félicite-t-elle. Mais le contexte est délicat. Les associations écologistes réclament une sylviculture plus douce pour assurer la pérennité de la forêt. Elle leur tend la main : « *On est dans une situation d'urgence. Ni vous ni moi n'avons la solution, il faut qu'on la trouve ensemble.* » Dès 2020, malgré les réserves de certains forestiers, elle persuade le général Millet de faire arrêter les coupes rases.

Questions irrésolues

Mais pour les remplacer par quoi ? Pourquoi certains arbres résistent-ils, et d'autres pas ? Quelles espèces planter pour assurer leur viabilité dans quarante ans, avec le réchauffement qui s'accélère ? À quels endroits ? Avec quelle méthode ? Pour trouver des solutions, Daisy décide de faire coopérer bénévoles, scientifiques de l'Inrae (Institut national de recherche pour l'agriculture, l'alimentation et l'environnement), élus, forestiers et chasseurs

ILLUSTRATION CHEZ GERTRUD

dans un collectif baptisé «Ensemble, sauvons la forêt de Chantilly». De fortes personnalités qui souvent s'ignoraient. *«Elle a une capacité de persuasion et une ténacité hors du commun»*, admire son conseiller, Hervé Le Bouler.

Devenue en 2022 directrice du patrimoine forestier et immobilier du domaine lors du départ à la retraite du général, Daisy déploie ses talents de négociatrice, forgés à l'ONF quand elle devait convaincre les élus d'investir dans la forêt. Elle réussit à mobiliser ses réseaux pour financer à hauteur de 1,8 million d'euros un programme de recherche, de 2021 à 2023. Objectif: fournir une cartographie très détaillée du sol de la forêt tout en mesurant le potentiel d'adaptation des espèces.

« Je vais enfin savoir quels arbres planter. Chantilly pourra servir d'exemple. »

«Je vais enfin savoir quels arbres planter, et où, en fonction de la nature des sols et de leur réserve biologique. Chantilly pourra servir d'exemple», se réjouit-elle.

En parallèle, elle expérimente depuis peu la sylviculture à couvert continu, pratiquée de longue date dans certaines forêts privées. La technique consiste à garder les ronces et arbustes qui maintiennent l'humidité des sols, à miser sur l'émergence spontanée d'espèces qui résisteront au réchauffement et à tester des espèces adaptées à des climats plus chauds. *«Faisons confiance aux ressources de la nature et à la recherche scientifique»*, conclut la pionnière qui a su faire évoluer les mentalités. **Marie-Laure Théodule**

Victoire sur la Toile

Grâce à l'action de la Française **Victoire Rio,** Facebook s'est doté de modérateurs en langue birmane. Un progrès contre la désinformation dans ce pays en guerre.

En septembre 2017, la Birmanie brûle. L'armée mène un vaste nettoyage ethnique qui conduira, en quelques mois, à la fuite de plus de 800 000 Rohingyas. Victoire Rio voit les rumeurs les plus folles et les incitations à la violence se répandre comme un virus sur les comptes Facebook birmans.

Après une formation à Londres sur les conflits et des expériences humanitaires, la Française se retrouve en Birmanie, lors d'un voyage en Asie. Et décide d'y rester. Au sein du pôle technologique Phandeeyar qui l'emploie alors, elle met en réseau des militants birmans décidés à utiliser le Web pour des projets civiques.

Alors que la répression anti-Rohingya fait rage, la cyber-humanitaire maudit derrière son ordinateur l'attentisme de Facebook. Les multiples alertes que des ONG envoient à la plate-forme n'aboutissent qu'à des suppressions de contenus au cas par cas, souvent tardives.

Pourtant, quelques mois plus tard, Mark Zuckerberg se satisfait publiquement de la gestion des messages sur Facebook pendant la crise birmane. Quand elle entend ces propos, la Française est coincée dans un bus, avec son téléphone et des heures à tuer: *«Manque de chance pour lui! Je lui ai écrit une lettre ouverte.»*

À cette époque, le Sénat américain demande des comptes à Zuckerberg sur sa politique de modération et sur sa gestion des interférences politiques. La réaction à la lettre de Victoire Rio est immédiate : un message d'excuses signé « *Mark* » promet des « *améliorations* ».

Comptes fermés

Sept mois plus tard, s'appuyant sur un rapport d'ONG, Facebook écrit sur son site : *«Avant cette année, nous n'en faisions pas assez pour empêcher que notre plate-forme soit utilisée pour fomenter la division et inciter à la violence hors ligne.* » Sont aussi annoncés le recrutement de 99 modérateurs en langue birmane ainsi que des outils de détection des contenus toxiques.

« *Facebook a envoyé une délégation de vingt personnes,* se souvient Victoire Rio. *Le dialogue avec les ONG locales a alors pu débuter.* » Trois ans plus tard, quand la guerre civile éclate, l'entreprise californienne annonce fermer les comptes Facebook et Instagram – dont elle est propriétaire – de l'armée, « *des entités étatiques et médiatiques contrôlées par l'armée* » et de plusieurs ministères.

Depuis, l'activiste s'est posée à Sarajevo. À la tête de l'ONG What to Fix, elle lutte toujours contre la désinformation en ligne. Les institutions européennes sont son nouveau terrain de jeu. **Rémi Bayol**

SUR LA ROUTE

Cache-cache en zones blanches

En Guyane, le long du fleuve Maroni, les forces de l'ordre françaises luttent à grand-peine contre les orpailleurs illégaux. L'accès récent à Starlink, le réseau internet par satellite d'Elon Musk, est vu comme une aubaine. Par les deux camps.

Il faut plus de douze heures de pirogue en saison sèche, entre les rives française et surinamaise du Maroni, pour atteindre la ville de Maripasoula, avant de s'enfoncer plus loin dans le Parc amazonien de Guyane (PAG). En l'absence de routes, les habitants des communes enclavées empruntent le fleuve. Ils ne sont pas les seuls : les *garimpeiros*, les orpailleurs illégaux, principalement originaires du Brésil, ont besoin de l'utiliser, eux aussi.

Certes, les pirogues doivent s'arrêter lorsqu'elles tombent sur un long filet, barrage filtrant de l'un des six postes de contrôle fluvial des forces armées françaises. Mais, jusqu'à présent, la surveillance était compliquée. Dans la forêt équatoriale, les gendarmes se trouvent en zones blanches. Difficile pour eux d'appeler le Centre de conduite des opérations, des renforts ou d'autres unités. Ils ont longtemps recouru à une solution coûteuse et qui ne permet pas un débit suffisant : le système BGAN (Broadband Global Area Network), qui s'appuie sur des satellites géostationnaires.

Tout a changé quand, en 2023, une petite antenne satellite blanche qui attire l'œil est apparue sur le barrage. Elle est reliée *« au plus grand ensemble de satellites avancés qui existe, en orbite basse autour de la Terre »*, promet SpaceX. Car c'est la société du milliardaire Elon Musk qui a développé le réseau Starlink.

Environ 400 sites d'orpaillage illégal en Guyane ont été recensés

en 2023 par la préfecture. Le fleuve permet aux *garimpeiros* d'opérer en forêt et de s'approvisionner dans les comptoirs du Suriname. Les embarcations transportent notamment beaucoup de mercure. Interdit en France depuis 2006, ce métal liquide utilisé pour extraire l'or provoque une pollution dévastatrice pour les habitants et l'écosystème.

L'État français a bien lancé en 2008 l'opération Harpie, qui mobilise plus de 50 gendarmes et 200 membres des forces armées, mais son impact est limité. «*Pour nous, Starlink, c'est une révolution*, se félicite Éric Fortin, gendarme de la brigade en charge de son déploiement. *On peut avertir des collègues de la présence d'un camp d'orpaillage à proximité.*» Les contrôles sont aussi simplifiés avec l'accès en direct au fichier des personnes recherchées (FPR). Et la possibilité de présenter par visioconférence des individus placés en garde à vue plutôt que de les acheminer en avion.

Course au numérique

Si ce n'est que l'utilisation de Starlink a d'abord été interdite aux organismes gouvernementaux. Avant d'être finalement autorisée en avril 2023. «*Trois mois après que les orpailleurs clandestins y ont eu accès*», déplore le gendarme. Les *garimpeiros* ont profité de leur avance pour équiper de nombreux sites de ces antennes.

Résultat : ils sont désormais plus rapidement au courant des interventions de l'opération Harpie. «*Quand notre hélicoptère décolle de Maripasoula, tous les orpailleurs le savent en quelques minutes. Ils peuvent cacher leurs installations ou prendre la fuite*», résume un militaire. Ils peuvent aussi mieux préparer leurs attaques sur les sites d'orpaillage légaux. En mai 2024, la Fédération des opérateurs miniers de Guyane (FEDOMG) a alerté sur l'insécurité grandissante en forêt, où «*plus de 10000 orpailleurs sévissent en toute impunité*».

La course à l'armement numérique est donc lancée. «*En 2025, nous allons tester une pirogue équipée d'une antenne pour effectuer nos contrôles directement sur le Maroni*», promet Éric Fortin, s'inspirant d'une idée déjà mise en œuvre… par les clandestins. Pascal Vardon, directeur du Parc amazonien, plaide, lui, pour une autre stratégie, «*le renforcement de la coopération avec le Brésil et le Suriname*». En attendant, les ravages se poursuivent. Selon l'association Wild Legal, des taux de mercure dix fois plus élevés que les recommandations sanitaires ont été relevés dans les cheveux des habitants du Haut-Maroni. XXI

Romain Allimant
Illustration Fabrice Pellé

TÊTE CHERCHEUSE

Les vers salutaires

C'est en plongeant dans les abysses des océans que le biologiste français **Franck Zal** s'est pris de passion pour… les vers marins. Et a découvert, dans le sang de ces invertébrés, une molécule capable de transporter l'oxygène. Une révolution pour les greffes d'organes.

Par Lise Barnéoud

vacances

abysses

Cousteau

1972

«La première fois que je sors de Paris, où je suis né, j'ai 6 ans, et je découvre la mer grâce à une colonie de vacances. Jusqu'à présent, mes seules bouffées d'évasion, ce sont les émissions télé du commandant Cousteau.»

1987

«Je suis le premier de ma famille à décrocher le bac. Je m'inscris à l'université en biologie, la seule matière qui me passionne. Pour mes proches, je deviens un ovni. Un soir, Cousteau donne une conférence à la Maison de l'océan, à Paris. À la fin, je parviens à lui demander quel chemin suivre pour faire comme lui. Il m'incite à poursuivre mes études, jusqu'en thèse si possible, afin d'entrer au CNRS ou à l'Ifremer. Il vient de tracer mon avenir.»

1992

«Au début de mon service militaire, je tombe sur une annonce pour étudier les vers marins des sources hydrothermales, au large des Galapagos. Mon colonel accepte de me laisser partir à condition que je lui rapporte du sable du fond du Pacifique! Mon rêve devient réalité. J'effectue ma première descente en sous-marin dans les abysses, j'attrape le virus des missions scientifiques et… des vers marins.»

1995

«Je consacre ma thèse au buzuk. Ce ver respire dans l'eau grâce à ses branchies, mais comment fait-il pour survivre à marée basse, plusieurs heures à l'air sous le sable? Avec un spectromètre de masse, je parviens à analyser finement son hémoglobine, la molécule qui fixe l'oxygène chez tous les animaux. Surprise : elle peut transporter 40 fois plus d'oxygène que la nôtre et n'est pas encapsulée dans un globule rouge – cellule qui entraîne, chez nous, des incompatibilités lors des transfusions. Pourrait-on utiliser cette hémoglobine chez l'humain, à la place des dons de sang?»

1999

«Je suis enfin embauché au CNRS! En plus de mes heures de travail, presque en secret, je transfuse l'hémoglobine du buzuk à des souris. Aucune réaction de rejet. La revue *Nature* évoque mes travaux en 2003, ce qui me vaut d'être convoqué par mes supérieurs : je ne suis pas censé faire de la valorisation médicale. Je finis par démissionner en 2007 pour lancer à Morlaix ma société, Hemarina.»

buzuk CNRS oxygène peau de bébé greffes

2008

«Lors d'une présentation de mes travaux dans une grande école de commerce, j'ai un déclic. Mon produit n'est pas un substitut sanguin, c'est une molécule qui apporte de l'oxygène à nos cellules! Il possède donc de multiples applications : préserver des greffons, réoxygéner des plaies, traiter des AVC… Grâce à ces perspectives, j'arrive enfin à convaincre des *business angels*.»

2016

«Un premier patient français vient d'être greffé d'un rein avec l'aide de mon produit, lors d'un essai clinique. Alors en vacances, j'appelle plusieurs fois par jour pour avoir de ses nouvelles. Tout se passe bien. L'année suivante, un chirurgien utilise ma molécule pour une greffe de visage. C'est encore un succès.»

2023

«Le CHU de Nantes demande à tester la molécule sur un homme brûlé à 85 %. Trois mois plus tard, il est sur pied, avec une peau de bébé! En décembre, je reçois le prix Galien, l'équivalent du Nobel en pharmacie. À ce jour, près de 150 patients ont été traités avec nos produits, dans le cadre d'essais cliniques ou lorsqu'il n'y a plus d'alternatives. Avec des résultats très encourageants. Désormais, l'enjeu est d'obtenir les autorisations pour mettre ces produits sur le marché. Un vrai casse-tête administratif.»

Paranoïa à Addis-Abeba

Le 22 février 2024, le journaliste français Antoine Galindo, en reportage dans la capitale éthiopienne, est arrêté à la terrasse d'un hôtel, alors qu'il s'entretient avec un opposant politique. Rapidement, les autorités l'accusent de « conspirer en vue de créer le chaos » dans le pays. Commence alors une semaine kafkaïenne.

Par Antoine Galindo
Illustrations Claire Malary

Ma notoriété dans la prison a basculé le lundi, lorsque *Africa Intelligence,* le média pour lequel je travaille, a décidé de rendre publique mon arrestation. Committee to Protect Journalists, Human Rights Watch, Reporters sans frontières, une bonne partie de la presse française et quelques titres anglo-saxons ont répondu présents, avec ma tronche – photo choisie par la famille – en bonus. Un journaliste européen emprisonné en Éthiopie, c'était une première depuis 2012. Je suis subitement devenu célèbre parmi les détenus. Durant les quatre premiers jours, je m'étais contenté de leur dire que j'étais là « *parce que* [j'avais] *eu une conversation avec un ami* ». Une explication suffisamment sibylline pour décourager les curiosités. Mais le week-end n'a pas suffi à mon ambassade pour me faire libérer, et l'affaire est devenue judiciaire. Un procès aux contours surréalistes a été planifié, à la hâte, pour le vendredi suivant. Une perspective peu engageante dans un pays où la presse a été réduite à la fonction de passe-plat. D'où la nécessité de sortir l'artillerie lourde.

« *L'ami* », avec lequel je me suis fait cravater, Battee Urgeessaa, est un opposant au régime du Premier ministre Abiy Ahmed. Je l'avais sollicité pour discuter de manière informelle de la situation en Oromia. Cette région, qui représente environ 25 % de la population éthiopienne pour plus d'un tiers de la superficie du pays, est le théâtre d'une guerre depuis fin 2018. Le gouvernement y combat un groupe rebelle autonomiste qui a fait scission avec le parti de Battee Urgeessaa, le Front de libération oromo (OLF, en anglais).

J'ai vécu en Éthiopie entre 2013 et 2017, je travaille sur la région depuis plus d'une décennie. Je sais que rencontrer un opposant, même en étant accrédité – pour couvrir le sommet de l'Union africaine, qui s'est clôturé quelques jours plus tôt –, peut engendrer quelques heures de garde à vue. Mais, en ce début 2024, le régime éthiopien est aux abois. La pandémie de Covid-19, la multiplication des violences communautaires et des crises régionales ont durablement entamé la légitimité d'Abiy Ahmed. Ses comportements erratiques, ses discours incendiaires et sa soif de pouvoir ont vite effacé l'aura du prix Nobel de la paix qui lui a été décerné en 2019 pour avoir réconcilié son pays avec l'Érythrée voisine. Les deux États sont aujourd'hui de nouveau à couteaux tirés. Et, dans cette fuite en avant, c'est le dernier empire non colonial d'Afrique qui vacille.

Opposants embastillés

Le jour de notre arrestation, Battee Urgeessaa m'a donné rendez-vous à 14 heures au Skylight Hotel, un immense établissement flambant neuf, près de l'aéroport d'Addis-Abeba, pensant certainement que nous y serions noyés dans les incessants va-et-vient. Sur la terrasse tout en longueur et bordée d'une pelouse mal taillée, une dizaine de tables sont alignées. Désertes. « *Il y a un peu de vent, mais on sera tranquille pour discuter* », glisse mon homme, en costume bleu. Il commande un macchiato, je prends une eau pétillante, lui précisant que, pour notre sécurité à tous les deux, je n'enregistrerai pas la conversation ni ne prendrai de notes.

Battee n'est pas inquiet. Il est venu pour parler. C'est la fonction qu'il a longtemps occupée à l'OLF : porte-parole. Il sort d'ailleurs d'une interview sur une chaîne de télé oromo. D'un ton professoral, dans un anglais soigné empreint d'un fort accent éthiopien, il déroule son argumentaire, avec un rare souci du détail. J'aimerais discuter du conflit actuel, mais il tient à ce que le contexte historique soit au clair et l'échange tourne vite au monologue. Tout y passe : des origines de la lutte armée dans les années 1970 à l'exil des dirigeants de son parti en Érythrée au début des années 2000. Il s'attarde un moment sur la « *trahison* » de 2018 : lorsque le Premier ministre Abiy Ahmed est arrivé au pouvoir, il leur a offert de rentrer en Éthiopie, en rendant les armes tout en continuant leur combat politique de manière pacifique. Une partie a refusé et pris le maquis. Les autres sont rentrés à Addis-Abeba, où le jeune chef du gouvernement n'a pas tardé pas à renier sa parole, et embastiller les uns après les autres les membres de l'OLF qui avaient accepté sa proposition. Battee a été emprisonné, et libéré en 2022, pour raisons médicales. Depuis, il ne manque jamais une occasion d'égratigner le régime.

Nous échangeons depuis une bonne demi-heure lorsqu'un homme fait irruption sur la terrasse. Il abaisse ses lunettes rectangulaires et nous toise un moment avant de prendre place à la table la plus proche, renvoyant la serveuse sans commander. Dix minutes s'écoulent, durant lesquelles ma concentration oscille entre mon interlocuteur et l'homme aux lunettes. Qui recule sa chaise pour se rapprocher de Battee. J'interromps le monologue et fais part de mon inquiétude. Nous nous décalons de trois tables. Un officier de police fédérale en uniforme fait à son tour irruption et prend place à côté de l'autre visiteur. Il est trop tard pour se faire la malle.

Vers 15 h 30, deux jeunes hommes arrivent en renfort, nous présentent une carte à moitié déchirée et nous demandent en amharique – la langue véhiculaire éthiopienne – de les suivre. Il n'y a pas de raison de s'inquiéter, c'est un contrôle de police « *de routine* ». Quatre heures au poste suffisent en général à solder l'affaire. Je ne suis pas inquiet.

Pas de gyrophare ni de menottes. Nous suivons les deux jeunes hommes, en claquettes deux mètres devant nous, le long de l'immense boulevard qui relie l'aéroport à Meskel Square, la place des défilés et des célébrations officielles. Battee sort son téléphone et tente de prévenir son parti, déclenchant les protestations molles de nos ravisseurs. Je profite du flottement pour alerter Paul, mon rédacteur en chef à Paris. Après une vingtaine de minutes de marche, notre convoi arrive au poste de police Bole Rwanda. Un petit commissariat de quartier, où un interrogateur finit par nous recevoir, dans l'une des cahutes en tôle qui bordent une petite cour. L'espion de la terrasse est là. Il observe en silence. Battee, d'une voix douce, explique le caractère informel de notre entretien. Qu'un ami nous a mis en relation.

« Quel est cet ami ?

— Un proche de Shimelis Abdisa, le gouverneur de la région Oromo.

— Comment se nomme-t-il ? »

Quatre heures au poste suffisent en général à solder l'affaire. Je ne suis pas inquiet.

Les mêmes questions sont répétées, Battee reformule calmement. « *Nous ne nous connaissions pas ce matin.* » « *Non, ce n'était pas une interview.* » « *Non, il n'y a pas d'enregistrement.* » « *Oui, nous discutions des affaires éthiopiennes.* » « *Il n'y a pas de détails à donner, notre échange était généraliste.* » L'inquiétude grandissant, je me risque à demander ce qui nous est reproché. Je suis accusé d'espionnage, Battee de trahison de secrets d'État. Nous serons transférés ce soir : l'interrogateur semble soulagé de se débarrasser du dossier.

Guerre sanglante

Les accusations sont lourdes. Battee risque sa tête, et moi plusieurs décennies derrière les barreaux. Le régime s'est durci depuis l'arrivée d'Abiy Ahmed. Pour consolider son pouvoir, cet ancien du cyber-renseignement n'a pas seulement fait la guerre en Oromia. Il s'est aussi employé à mettre au pas un appareil sécuritaire jusqu'alors acquis au Front de libération du peuple du Tigré (le TPLF, en anglais), qui a régné sur l'Éthiopie avant lui. En trois décennies, ce parti d'inspiration marxiste a tissé une toile tentaculaire. Bien qu'ils ne représentent qu'une petite portion de la population, les Tigréens ont contribué à libérer l'Éthiopie du régime communiste du Derg en 1991. Le TPLF a construit son assise sur cette aura, et s'est accaparé les ressources économiques du pays, suscitant un fort ressentiment. Notamment au sein de la communauté amhara, qui a gouverné l'empire éthiopien pendant la majeure partie du xxe siècle.

En soufflant sur les braises communautaires, Abiy Ahmed s'est engagé en 2020 dans une autre guerre sanglante contre les anciens dirigeants tigréens, retranchés dans leur région nordiste. En deux ans, le conflit a tué plusieurs centaines de milliers de personnes

et s'est soldé en 2022 par un accord de paix à l'avantage du gouvernement fédéral. Mais de nombreux alliés du Premier ministre, et particulièrement en région amhara, souhaitaient l'anéantissement total du TPLF. Vent debout contre cet accord de paix, ils se sont retournés contre Addis-Abeba. Un état de conflit et de suspicion permanent a petit à petit gagné tout le pays, jusqu'à la capitale. Entre 2019 et 2024, plus de 200 journalistes ont été arrêtés par le régime. On ne compte plus les disparitions d'opposants politiques, dont les plus chanceux sont emprisonnés sans décision de justice. Je crains que ce sort guette Battee.

Cellule « premium »

Il fait nuit depuis plusieurs heures, lorsque nous entrons par une porte dérobée dans le commissariat de Bole Sub-City, l'un des plus importants districts de la ville. S'en échappe la rumeur d'un grand hangar. Après un interrogatoire zélé, l'inspecteur nous remet au maton de permanence. L'échalas à la peau très noire et au sourire bienveillant nous conduit à la consigne, où nos affaires sont répertoriées dans un registre relié. La pièce est remplie de ces volumes, empilés les uns sur les autres. Sac à dos, ceinture, lacets… Je cache ma montre sous la manche de ma chemise et obtiens de conserver mon carnet, avec plusieurs mois de prises de notes. Battee parvient à emporter 500 birrs – environ 8 euros au taux officiel de l'époque.

Le jeune garde nous promet une cellule *« première classe »*. Derrière lui, nous bifurquons le long d'une rigole pestilentielle donnant sur les sanitaires, que nous traversons pour pénétrer dans le hangar, baigné d'une forte odeur d'urine et de sueur. Dix grandes cellules, aux murs de 3 mètres de haut, sont réparties de part et d'autre d'un couloir. Au bout, une cour intérieure est surplombée par un mirador. De l'autre côté, le quartier des femmes doit compter trois ou quatre cellules. La « *première classe* » est au fond. C'est la zone la plus éloignée des sanitaires. La pièce mesure trente à quarante mètres carrés, dont les murs sont recouverts d'écritures et de dessins. Au sol, une petite trentaine d'hommes sont allongés. Le plus jeune a 11 ans. Tesfaye, un trentenaire en attente de jugement pour tentative de meurtre, est le taulier des lieux. Il nous obtient un petit matelas en bout de course. La couverture attendra. Al-Zubair, un Soudanais, et Sami, un Yéménite, viennent nous saluer, et nous tendent une bouteille d'eau potable. Nous n'avons pas bu depuis la terrasse de l'hôtel. Il est 23 heures quand la porte se referme derrière nous. Il fait froid.

Téléphone planqué

Six heures du matin. Battee est impatient : on nous a promis une entrevue avec le commissaire. Les néons accrochés au toit du hangar n'ont pas cessé de projeter sur les visages somnolents l'ombre du grillage en fer qui sert de plafond. Seuls les miaulements d'un chat et les allers-retours de mes colocataires vers la bassine qui sert d'urinoir ont troublé le bruit sourd d'une ventilation lointaine. Les résidents inspectent les recoins et coutures de leurs vêtements, en quête des punaises de lit qui ont dérangé leur nuit. Au fond, trois Chinois trentenaires distribuent des cigarettes à une poignée de visiteurs des cellules voisines contre quelques billets. Avec Chan, le seul anglophone du trio, Battee négocie trois minutes de téléphone planqué sous une couverture contre 300 birrs – près de 5 euros – pour prévenir sa femme. Seuls les prisonniers pauvres ont pioché dans le plateau de pain rassis que les gardes ont laissé sur le sol. Les autres attendent le passage du livreur de thé et de beignets frits à l'huile de colza. En fonction de l'humeur, et de la profondeur des poches des matons, le livreur est autorisé à entrer, ou non. Les plus courageux font déjà la queue au seul robinet du site, dans la cour extérieure.

Battee est mortifié. Il leur donne son code. Et m'enjoint de ne pas céder.

La matinée s'écoule au rythme des présentations. Asmelash, un Tigréen, est emprisonné pour usage de chèques en bois. « *On m'a arnaqué* », justifie-t-il. Depuis la guerre, les hommes d'affaires tigréens sont pris pour cible. Pendant le conflit, beaucoup ont tout perdu. Il nous prête son matelas pour la journée, avant de se diriger vers le parloir. Il a deux jeunes enfants et espère les voir aujourd'hui. La femme de Battee a tout fait pour y être avant l'heure du déjeuner, elle aussi. Rompue à l'exercice, elle a apporté deux survêtements, quelques débardeurs, des sous-vêtements, et un peu de cash qu'elle a dissimulé dans l'injera pliée, la galette de teff, une céréale à la base de la cuisine éthiopienne, qui servira à accompagner le repas. Ce jour-là, je ne mange pas, en espérant que nous serons sortis avant d'avoir à utiliser les « *toilettes* ».

Ce n'est qu'en fin de journée qu'un gamin vient rompre notre torpeur, et crier notre nom à la porte de la cellule. Derrière l'un des guichets vitrés de l'immeuble attenant au hangar, l'inspecteur Sirak Hailu nous attend, accompagné d'un petit homme, qui se présente en amharique comme un employé du ministère des Affaires étrangères. Son ample costume beige peine à dissimuler une importante bedaine. Cette fois, on ne nous propose pas de nous asseoir. « *Vous pourriez être libérés dès ce soir, si vous le souhaitez,* assène le premier sur un ton mielleux. *Il vous suffit de nous donner le schéma de déverrouillage de vos téléphones.* » Les appareils sont posés sur le bureau. Nous restons interdits. Le ton de l'employé de ministère se fait moins courtois. « *Je comprends votre position,* traduit Sirak, *mais vous n'avez pas à vous faire de souci. Nous voulons seulement écouter l'enregistrement de l'interview, vérifier que des secrets d'État n'ont pas été trahis.* » Mortifié, Battee leur répète qu'il n'y a pas eu d'enregistrement. Il leur donne son code. Et m'enjoint discrètement de ne pas céder. « *Vous savez, c'est une affaire sérieuse. Il s'agit de la sécurité de notre pays. Donnez-nous votre schéma.* » Je m'obstine, ulcéré. Le visage fermé, les deux hommes m'écoutent aboyer mes arguments, puis me demandent de me calmer. Après dix minutes qui en paraissent trente, on nous renvoie en cellule. Un billet de 100 birrs plié dans une main tremblante, je demande à Chan une cigarette. Je n'ai pas fumé depuis trois ans. Il me l'offre.

Je demande à Chan une cigarette. Je n'ai pas fumé depuis trois ans.

Diplomates désemparés

C'est finalement samedi matin que nous comparaissons devant le juge. Le procureur déroule : « *Depuis que vous êtes arrivé dans notre pays, officiellement pour couvrir le sommet de l'Union africaine, vous avez, avec entêtement, cherché à obtenir des informations sur des questions liées à la sécurité en Éthiopie, sans en avoir l'autorisation explicite. Vous êtes entré en contact avec des acteurs politiques, notamment liés à des milices interdites. Vous êtes suspecté d'appartenir au mouvement Fano* [une milice amhara, NDLR], *tandis que Battee Urgeessaa est suspecté d'être un Shene* [un milicien oromo, NDLR]. *Au cours de votre rendez-vous au Skylight Hotel jeudi, vous avez discuté des modalités possibles pour que les deux groupes s'unissent en vue de déstabiliser le pays, et créer le chaos.* »

L'ambassade, qui a retrouvé notre trace la veille au soir, a envoyé un avocat, l'adjoint au consul, Guillaume Raquidel, et le deuxième conseiller, Charlélie Marie. À la lecture du réquisitoire, leurs visages se décomposent. Les Fano et les Shene sont certes deux mouvements rebelles qui donnent du fil à retordre au gouvernement, mais ce sont avant tout des rivaux, qui se livrent régulièrement bataille à la frontière entre leurs deux régions, à l'ouest du pays.

À la logorrhée du procureur, je rétorque maladroitement qu'il est absurde de penser que je travaille à un tel rapprochement. J'ajoute quelques banalités sur mon histoire avec l'Éthiopie. Avant d'être coupé par l'avocat, qui me voit vaciller. C'est au tour de Battee. Ses multiples incarcérations ont développé chez lui une étonnante résistance à la pression. Battee a été torturé. À plusieurs reprises. Cette fois-ci, les autorités ont décidé de respecter la loi, et de le présenter devant un juge dans les 48 heures suivant son arrestation. La présence d'un Européen à ses côtés y est peut-être pour quelque chose.

À la sortie de l'audience, Charlélie cherche à résumer sa pensée : « *Au moins, on a retrouvé votre trace, et nous disposons de leviers. Mais je ne vais pas vous cacher que la situation est bien merdique.* »

Réfugiés abandonnés

La vie sociale s'organise dans la prison en groupes régionaux et linguistiques. Nous sommes dans la cellule des arabophones. Beaucoup sont des Soudanais qui ont fui la guerre. En 2023, après le début du conflit dans ce pays voisin de l'Éthiopie, Abiy Ahmed a promis aux réfugiés un accueil sans visa ni condition. Mais ceux présents ici ont tous été arrêtés pour des histoires de visa. C'est aussi le cas de l'immense majorité des détenus étrangers, principalement ouest-africains – Nigérians, Camerounais, Sierra-Léonais. Qui ont été regroupés dans les cellules les plus proches des sanitaires.

Charles, un rasta nigérian quadragénaire à la mine dépitée, résume : « *Tu te fais attraper parce que ton visa a expiré. Ils te jettent en cellule. Tu paies la caution fixée par le juge, et après tu dois encore aller régler ce que tu dois à l'Immigration.* » Le montant s'élève à plusieurs dizaines de dollars par jour d'expiration du document, payables uniquement en devises. Et l'horloge continue de tourner pendant que les détenus sont derrière les barreaux. « *Ma femme est éthiopienne. Elle a payé la caution, mais ils ne me laissent pas sortir pour que je régularise ma situation. Ils veulent des garanties que tu ne vas pas disparaître dans la nature. Seule notre ambassade peut se porter garante. Et notre ambassade s'en fiche. Vous, les Blancs, au moins vos diplomates se bougent le cul. It's fucked up, man.* » Foutu.

Charles est là depuis trois mois. Certains, depuis près d'un an. L'État éthiopien réclame parfois à ces détenus des sommes à quatre zéros, en dollars. Charles finit par écourter la conversation pour se rendre à l'infirmerie. « *Tu devrais y aller, c'est distrayant. Non, je suis pas malade, mais tous les soirs à 18 heures, si tu prétends que tu as un problème, on te file un numéro griffonné sur un bout de carton, et tu*

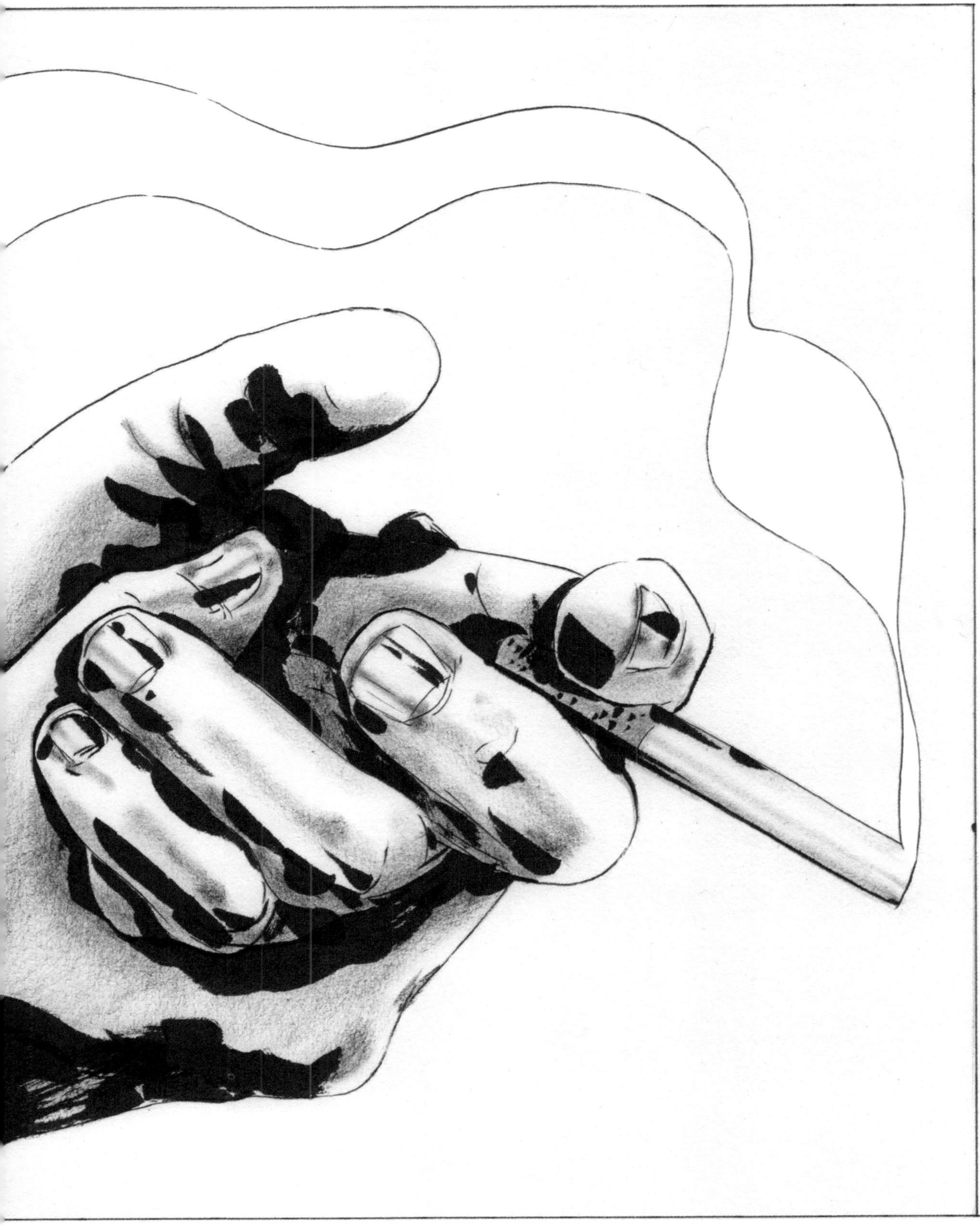

te fais une petite demi-heure dans le département médical, loin des odeurs de pisse. Les gardes sont cool, le médecin te laisse téléphoner, et on peut même regarder un peu la télé. Parfois y a du foot.»

« Racket généralisé »

Pris à la gorge par les effets cumulés de la pandémie de Covid et de la guerre dans le Tigré, l'Éthiopie récupère des dollars là où elle le peut. *« On est passé à un système de racket généralisé, et ça se voit à tous les échelons de la société »*, m'a confié un diplomate occidental en marge du sommet de l'Union africaine. Le gouvernement éthiopien réinterprète régulièrement ses règles d'imposition fiscale et s'en prend à de nombreux investisseurs étrangers, dont certaines très grosses entreprises.

Pendant des mois, Addis Abeba a négocié avec le FMI un plan de sauvetage, arraché de haute lutte fin juillet. Le programme, qui se chiffre à 3,4 milliards de dollars sur quatre ans, a été validé par l'institution de Bretton Woods en échange de mesures économiques que le gouvernement éthiopien rechignait jusqu'ici à mettre en place. Il s'est finalement résigné à appliquer un taux de change flottant à sa monnaie, le birr, au risque de provoquer une inflation incontrôlable et de pousser les Éthiopiens dans la rue. Un remède potentiellement plus violent que le poison.

Le plan de sauvetage a éloigné pour un temps le risque de défaut de paiement, et doit permettre au pays de renégocier sa dette extérieure, qui se chiffre à 28 milliards de dollars. Environ un quart de celle-ci est actuellement détenue par la Chine, qui a investi massivement au cours des deux dernières décennies dans la construction de routes, chemins de fer et usines en tous genres. Aujourd'hui, les investisseurs chinois se retirent les uns après les autres.

Mon codétenu Chan et ses acolytes sont très taiseux sur leur histoire. Sont-ils venus travailler sur ces chantiers de construction ? Avant notre arrivée, ils étaient sept prisonniers chinois. Plusieurs dizaines de milliers de dollars ont été versés pour faire libérer les quatre premiers, nous raconte-t-on. Ceux qui restent se font régulièrement livrer, planqués dans des bouteilles de shampooing, cigarettes, recharges de téléphone, argent liquide, kétamine.
Le soir, le petit pochon de poudre blanche, un anesthésiant pour chevaux très prisé dans les milieux festifs européens, tourne silencieusement dans la cellule, au rythme des inspirations nasales. La plupart des Éthiopiens passent leur tour. Sauf Tesfa, le chef de cellule. Il en a besoin pour dormir. Chan ne fait pas payer pour la kétamine.

> « On ne sait pas exactement combien vous risquez, mais ça peut chiffrer. »
>
> **PAUL ALONSO,** CONSUL FRANÇAIS

Audience redoutée

Le mardi, ce sont l'ambassadeur, Rémi Maréchaux, et le consul, Paul Alonso, qui viennent en personne. Le numéro 2 du commissariat nous reçoit pour l'occasion dans son bureau. On nous enjoint d'échanger en anglais. Les nouvelles sont mitigées.
Le personnel diplomatique de l'ambassade de France a été reçu au ministère des Affaires

étrangères éthiopien. On leur a fait comprendre que la décision passera par le cabinet du Premier ministre et le directeur des services de renseignement éthiopiens. Mais ce dernier est en déplacement, en Thaïlande. Le Premier ministre est lui aussi à l'étranger. En attendant, la procédure judiciaire suit son cours. La prochaine audience du tribunal est prévue dans trois jours. Les deux diplomates veulent à tout prix l'éviter, pour ne pas entrer sur le terrain judiciaire. « *On ne sait pas exactement combien vous risquez, mais ça peut chiffrer* », glisse le consul. Je peine à dissimuler une certaine fébrilité.

Battee préfère voir le verre à moitié plein. « *Ton ambassade finira par te faire libérer. Et peut-être moi aussi avec. Et ça aura permis de faire entendre notre cause à l'international. Dans le pire des scénarios, j'irai rejoindre mes amis à la prison de Mexico.* » C'est dans ce quartier de la ville que sont gardés les prisonniers politiques. Il n'aura pas cette chance.

> « Ton ambassade finira par te faire libérer. Et peut-être moi aussi avec. »
>
> **BATTEE URGEESSAA,** OPPOSANT POLITIQUE

D'abord verbale, la pression politique exercée par l'ambassade auprès du gouvernement éthiopien s'est ensuite doublée d'une forte pression médiatique. Au point d'obtenir mon expulsion, le 1er mars 2024. Une semaine plus tard, Battee a retrouvé sa femme, Sintayehu, et ses quatre enfants, contre une caution de 100 000 birrs – environ 1 600 euros – payée par un bienfaiteur oromo installé aux États-Unis.

Sous étroite surveillance policière, Battee a repris ses activités politiques, et nous avons continué à échanger via le téléphone de Sintayehu. Le sien est resté au commissariat pour être analysé. C'est par un appel de son avocat, le 10 avril, que j'ai appris son assassinat. Il était en visite dans son fief familial de Meki, en Oromia. Il allait voir sa mère. Un groupe d'hommes armés est venu le chercher dans sa chambre d'hôtel à la nuit tombée, pour l'embarquer à l'arrière d'un pick-up. C'est en tout cas ce qui ressort de l'enquête diligentée par la Commission éthiopienne des droits de l'homme, avant que le gouvernement force cette institution, qu'il contrôle et finance, à arrêter ses investigations. Battee a été retrouvé au bord de la route en rase campagne, le lendemain de son enlèvement, à l'aube. Un ami éthiopien m'a envoyé les photos de son corps, assorties de ce commentaire : « *Il faut montrer ça.* » Une vingtaine de clichés d'une violence indicible. Les mains attachées dans le dos, la tête transpercée, et le buste criblé de balles. Tirées à bout portant.

Peu de temps après ses funérailles, deux frères et une sœur de Battee ont été emprisonnés et accusés de son meurtre. « *Règlement de compte familial.* » C'est la raison qu'ont évoquée les autorités régionales. Aucune enquête indépendante n'a été menée. « *Ma famille subit mon engagement politique depuis trop longtemps* », m'avait glissé Battee la veille de ma libération. Et de se rassurer : « *Mais ils comprennent.* »

Sintayehu a donné naissance à leur cinquième enfant le 11 juillet. XXI

Africa Intelligence, le média en ligne basé à Paris pour lequel Antoine Galindo travaille, appartient à Indigo Publications, le même groupe de presse que *XXI*.

125

MILLIONS D'HABITANTS

L'Éthiopie est le deuxième pays le plus peuplé d'Afrique, après le Nigeria. Ce chiffre n'est toutefois qu'une estimation : le dernier recensement date de 2007.

100

LANGUES

Les deux les plus parlées sont l'oromo et l'amharique (la langue officielle de travail), suivies loin derrière par le somali et le tigrigna. Un grand nombre de langues sont menacées de disparition à court terme.

3

MONOTHÉISMES

Le christianisme, l'islam et le judaïsme sont historiquement présents en Éthiopie. Terre des Falashas – l'une des dix tribus perdues d'Israël –, elle est aussi l'un des plus anciens pays chrétiens ; et Harar est connu comme le quatrième lieu le plus saint de l'Islam.

EN COULISSES

Se souvenir des mauvaises choses

« Si l'enregistrement audio de ton interview a foiré, ta mémoire peut la reconstituer dans les heures qui suivent. Il faut alors tout coucher sur papier. » En école de journalisme, on t'enseigne que la mémoire déforme les souvenirs, d'où la nécessité de garder des traces écrites des reportages. Mais, pour mettre à l'aise leurs interlocuteurs, certains de mes collègues ne prennent de notes qu'une fois les interviews terminées. J'ai toujours été incapable de faire ça. Quand c'est possible, je préfère tout enregistrer, quitte à me coltiner des heures de retranscription. Ça rassure. Lors de mon arrestation en Éthiopie, j'ai été autorisé à entrer dans ma cellule avec un carnet de notes… sur lequel il ne restait que trois pages vierges. J'ai donc renoncé à consigner les détails de ma mésaventure. Et improvisé une méthode de mémorisation. Un bruit, une image, une idée, une odeur à associer à un événement marquant par jour. Et puis, se les répéter, comme dans le jeu qu'on apprend aux gosses à l'école : *« Dans ma valise, il y a… »* Vendredi : interrogatoire, chat qui miaule. Samedi : tribunal, survêtement bleu. Dimanche : néon blafard, insomnie. Pour stimuler cette mémoire, et joindre l'utile au désagréable, je me suis aussi mis en tête d'apprendre l'alphabet arabe, bien aidé par mes camarades soudanais. C'est à ça que les trois pages vierges de mon carnet ont servi. A.G.

« Abiy Ahmed est passé maître dans l'art d'attiser les divisions »

Pour l'anthropologue américaine **BONNIE HOLCOMB,** les violences dans le pays remontent au XIXe siècle, quand les puissances européennes se sont intéressées à la région.

XXI On parle souvent de l'Éthiopie comme du seul pays d'Afrique n'ayant jamais été colonisé. Comment s'est formé l'État moderne ?

À la fin du XIXe siècle, l'Abyssinie, la région de la Corne de l'Afrique où se situe aujourd'hui l'Éthiopie, n'était qu'un ensemble de petits royaumes avec leurs propres formes de gouvernance, leurs langues et leurs structures sociales. Le système était stable et ces groupes ne se battaient, pour l'essentiel, qu'à leurs frontières. C'est lorsque des puissances européennes se sont intéressées à la zone que l'équilibre a été rompu. Français, Britanniques et Italiens, dont les intérêts s'entrechoquaient, ont signé en 1906 un traité tripartite afin de contrôler de manière indirecte la région. Ils ont fourni des armes, de l'argent et des moyens diplomatiques, pour permettre l'émergence d'un roi et sa domination sur les autres peuples. En fait, l'Éthiopie a été le premier exemple de néocolonialisme en Afrique.

Le pays a pourtant vu émerger des hommes forts : Ménélik II, considéré comme le père de l'empire, ou Haïlé Sélassié Ier, figure des non-alignés durant la guerre froide.

Oui, mais cela n'a été possible que grâce à l'intervention de puissances étrangères. Avant le XXe siècle, la notion d'Éthiopie n'existait pas. Il n'y a d'ailleurs jamais eu une nation unie : seulement la reconduction, par la force, de la domination politique, économique, culturelle et linguistique d'un groupe – les chrétiens amharas – sur d'autres groupes. Après le renversement d'Haïlé Sélassié Ier en 1974, cette domination a été perpétuée par le régime militaire qui a suivi. En 1991, ce dernier a, à son tour, été renversé par une coalition de guérillas nationalistes, qui a doté le pays en 1995 d'une Constitution créant une fédération dans laquelle les principales communautés administraient leur région. Mais elle n'a jamais été vraiment appliquée, et l'un des groupes, les Tigréens, a de nouveau tiré la couverture à lui. La domination a seulement changé de camp.

Peut-on expliquer les conflits qui secouent le pays à travers ce prisme ?

Oui, absolument. Et Abiy Ahmed, l'actuel Premier ministre, est passé maître dans l'art d'attiser ces divisions pour asseoir son pouvoir. Le combat de Battee Urgeessaa s'inscrit dans la longue histoire de résistance à cette domination. Il militait pour le retour du fédéralisme, et voulait bâtir un modèle concerté, sur la base de la Constitution. Cela doit passer par un dialogue national sincère, qui ne soit pas téléguidé par le gouvernement.

Propos recueillis par A. G.

À lire, à écouter, à voir

Le Trouble Jeu d'Abiy Ahmed
Podcast de Julie Gacon
France Culture, 2024
Paix avec l'Érythrée, recherche de débouchés maritimes, conflits communautaires… Avec les chercheurs Mehdi Labzaé et René Lefort, Julie Gacon cherche à comprendre les motivations du Premier ministre éthiopien depuis son arrivée au pouvoir.

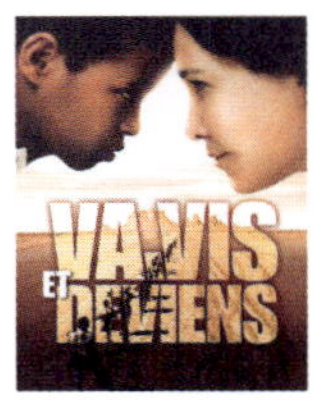

Va, vis et deviens
Film de Radu Mihaileanu
France/Israël, 2005
En 1984, les Juifs d'Éthiopie quittent leur pays pour s'exiler dans l'État hébreu. L'histoire est racontée à travers les yeux d'un enfant chrétien se faisant passer pour juif.

Les Lionnes d'or d'Éthiopie
Récit d'Henry de Monfreid
Éd. Robert Laffont, 1992
L'écrivain et commerçant Henry de Monfreid a vécu près d'Harar au début du XXe siècle. Dans ce livre romancé, il retrace le rôle joué par les femmes dans l'ascension au pouvoir des négus d'Éthiopie.

New York-Addis-London: The Story of Ethio Jazz, 1965-1975
Album de Mulatu Astatke
Le deuxième opus du père de l'éthio-jazz, Mulatu Astatke. À 80 ans, cette légende vivante, adulée en Éthiopie, continue de composer et de parcourir la planète. Lorsqu'il est à Addis-Abeba, il se produit en bœuf tous les jeudis à l'African Jazz Village.

LA REVANCHE DES GEEKS

ESPORT : Comme un sport, mais derrière un écran. Un passe-temps ? Plus vraiment. Cette pratique du jeu vidéo remplit désormais des stades de 30 000 spectateurs, fait vendre plus de maillots que certains clubs de foot de Ligue 1 et compte, en France, plus de deux millions d'inscrits à des compétitions.

L'ESPORT FAIT VIVRE, CERTES… mais les éditeurs de jeux vidéo avant tout. Car, si les meilleurs joueurs peuvent aujourd'hui en faire leur métier, être formés, hébergés et même démarchés lors de mercatos serrés, ils ne sont qu'une poignée à toucher des salaires mirobolants. Surtout, ils sont vite périmés. Jugés trop lents à 30 ans. *Lire p. 34.*

FAUTE DE REVENUS SUFFISANTS, les clubs ont eux aussi une durée de vie limitée, à moins d'être portés par un influenceur. Dans ces cas-là, le mode start-up est activé : avec des followers par centaines de milliers et un storytelling bien pesé, le tout couronné d'un essor fulgurant. Avec aussi son lot d'embrouilles au sommet, comme cela est arrivé à la Karmine Corp, l'un des deux plus importants clubs français. Un empire désormais. *Lire p. 44.*

DE QUOI ATTIRER L'ATTENTION DES SPONSORS. Les jeunes sont difficiles à toucher : ils regardent peu la télévision et ne lisent pas la presse papier. Les compétitions de jeux vidéo fournissent un vivier de consommateurs, et pourquoi pas d'électeurs. L'Élysée s'en est emparé. Sans pour autant encourager la régulation de la pratique. *Lire p. 56.*

Illustration Antoine Moreau-Dusault

Des souris et des mômes

Longtemps, ils sont restés cramponnés à leur clavier dans leur chambre d'étudiant. Avec l'explosion des compétitions de jeux vidéo, les gamers du monde entier rêvent désormais de gloire électronique. À Aix-en-Provence, dans une ambiance frénétique, le club Izidream frappe aux portes de la première division.

Par Rémi Bayol
Illustrations Vincent Roché

Kamiloo n'entend plus personne. Le casque vissé à ses oreilles crache un morceau sorti vingt ans avant sa naissance. The Rah Band, dans une version accélérée apparue sur TikTok : « *I get messages from the stars / When you're making love to me* ». Le bachelier de 18 ans envoie des coups de menton en matraquant sa souris d'ordinateur. Sourire extatique, les yeux rivés au feu d'artifice de pixels qui jaillit sur l'écran à 50 centimètres de son visage. Il est en pleine partie de *League of Legends* : *LoL*, comme l'appellent les dizaines de millions d'adeptes de ce jeu vidéo en ligne à travers le monde.

LOL

« Sur scène dans vingt minutes ! » Une régisseuse fait irruption dans la loge. Le jeune homme aux lunettes cerclées de noir enfonce son casque dans un sac à dos Eastpak. À côté, ses quatre coéquipiers replient soigneusement leur matériel. *« Allez les gars, souris, tapis, clavier ! »* Le manager de l'équipe d'Aix-en-Provence, Ayden, un vingtenaire du cru, veut éviter les oublis. Dans leur maillot bleu et blanc floqué du nom de leur club, Izidream, les cinq joueurs professionnels s'apprêtent à disputer l'un des matchs les plus importants de leur carrière, contre le Montpellier Hérault Sport Club. L'un des derniers d'une saison dans laquelle, du printemps à la fin de l'été, dix équipes s'affrontent pour accéder à la ligue supérieure. À la fin, seuls les deux premiers du championnat peuvent tenter d'arracher une place au plus haut niveau, la Ligue française de *League of Legends* (LFL), lors d'un duel contre le dernier du classement de cette compétition. Coincés dans la division inférieure après un passage raté dans l'élite, les joueurs d'Izidream comptent bien reconquérir leur place. Mais en perdant un pilier de l'équipe il y a deux jours, la mission commando s'est transformée en défi herculéen.

Tout s'est précipité le dimanche, dans les locaux du club, en périphérie d'Aix. Le sonore Ayden, qui distribue généralement les blagues graveleuses et les tapes affectueuses, a déboulé avec la mine des mauvais jours. *« J'ai appelé une ambulance pour Highway, ça me paraît impossible qu'il soit sur scène mardi. »* Tout comme Ayden ou Kamiloo, Highway est un pseudonyme utilisé en ligne. À force, il s'est substitué à leur prénom, tant le virtuel déborde sur le réel dans le monde de l'esport. Highway, donc, est un gamer professionnel polonais de 24 ans dont la santé n'a cessé de se dégrader depuis qu'il a subi une greffe de rein un an plus tôt. *« C'est vraiment le leader de l'équipe,* se désole son manager. *Il parle pendant les parties, quand les autres restent muets. C'est un meneur. »* En apprenant le forfait de son coéquipier, entre deux matchs de préparation, Kamiloo s'est d'abord inquiété de savoir qui pourrait bien le remplacer. *« On s'entend bien, mais on n'a pas réellement de relation en dehors des entraînements »*, confie-t-il plus tard par message. L'inverse aurait été surprenant : le Polonais passe la majeure partie de l'année chez lui, à 1 800 kilomètres d'ici. Les entraînements se font à distance et les échanges par micro interposé, quand ce n'est pas sur la plate-forme de messagerie instantanée Discord. Sur les cinq joueurs de l'équipe, seuls trois habitent à Aix.

Kamiloo y a posé ses valises il y a quelques mois. Loin de la maison familiale où il a grandi, à Évreux. Là-bas, au lycée, on l'appelait encore par son vrai nom, Kamil Haudegond. Il se revoit, dans la cour de récré. À l'époque où il était, selon ses propres mots, un *« nerd aux cheveux gras »*, en jogging toute la semaine, avec une seule et unique paire de chaussures Decathlon qu'il rachetait quand la semelle se faisait la malle. Ce fils d'une médecin généraliste née à Alger et d'un chef d'entreprise est tombé dans *LoL* à 10 ans, en voyant son frère, sa sœur et son cousin s'escrimer à dominer leurs adversaires dans ce monde virtuel *« hyper stimulant »* où se croisent esprits et dragons magiques. *« Ces huit dernières années, j'ai joué quasiment tous les jours de ma vie, entre 80 et 100 heures par semaine »*, se targue le jeune majeur de sa voix rieuse. Pas de quoi l'empêcher de décrocher son bac, mention bien. Et de commencer une licence d'informatique à Caen, qu'il a envoyée valser quand Ayden

En perdant un pilier de l'équipe il y a deux jours, la mission commando s'est transformée en défi herculéen.

l'a appelé en lui proposant de s'enfermer dans une coloc de geeks et d'exercer le job de ses rêves.

En 2024, ses exploits, regardés en direct sur la plate-forme de streaming vidéo Twitch par plus de 5 000 personnes en moyenne chaque semaine, lui ont valu le titre de meilleur joueur de la première partie de saison. Et les observateurs de la compétition lui prédisent désormais un avenir dans une grande équipe française d'ici quelques mois. Le surdoué, lui, vise directement les championnats du monde.

Onze matchs sans défaite

Un astéroïde géant a atterri dans la banlieue d'Aix-en-Provence. C'est ce que l'on pourrait croire à la vue de la carapace minérale du 6MIC. Le bâtiment de 5 000 mètres carrés accueille cet été un salon dédié à l'emploi organisé par le réseau des missions locales de la Région Sud. Ça grouille de gamins et de recruteurs en chemise bleue. Entre deux mange-debout, l'armée de terre a posé un écran sur lequel des ados s'essaient au tir, à quelques mètres d'un simulateur de conduite de tracteur tenu par un lycée agricole du Vaucluse. Les cinq matchs de *LoL* joués depuis la scène de la grande salle concluront l'événement, devant les 400 supporters des équipes.

Ce soir, à domicile, Izidream va devoir passer dans un trou de souris pour gagner. L'adversaire montpelliérain vient d'enchaîner onze matchs sans défaite. Le douzième lui permettrait de battre le record de victoires de la deuxième division. Du côté des Aixois, le plan de jeu a été travaillé minutieusement avec Horéüs, l'entraîneur chargé d'analyser les matchs des concurrents. Pour ce qui est du reste de la préparation, l'ensemble ressemble à un joyeux fatras : des séances de sport sur le parking avec un entraîneur aux gros biceps, et une sortie au bowling, histoire de se vider la tête. Pour remplacer son joueur malade, l'équipe a dû inscrire l'assistant coach sur la feuille de match – un ancien joueur professionnel espagnol qui espère faire davantage que de la figuration.

« *One, two, three, kurva !* » Le cri de ralliement des Aixois se finit par un « *putain !* » en polonais. Derrière le rideau de la scène, ils ont hurlé si fort qu'on a dû les entendre dans toute la salle.

Certains prédisent à Kamiloo un avenir dans une grande équipe française. Lui vise les championnats du monde.

Les coachs glissent quelques dernières pensées : « *Stay focus, and whatever happens, enjoy, guys!* » Dans cette escouade franco-hispano-polonaise, on parle un globish à la sauce gamers.

En découvrant l'arène, le visage enfantin de Kamiloo s'allume sous ses boucles brunes. À travers la lumière des projecteurs, il vient d'apercevoir au premier rang son frère et sa sœur, 850 kilomètres de voiture dans les pattes depuis Évreux, et maillot Izidream sur le dos. Les deux équipes s'installent derrière leur ligne d'ordinateurs. Au milieu, un écran géant projette la bataille virtuelle comme si c'était un match de foot. Une majorité de jeunes hommes – aucun n'a 30 ans – a pris place dans l'enceinte clairsemée. La centaine de fans parés de maillots « Joblife », du nom d'une équipe concurrente bordelaise, assurent l'ambiance. Les supporters sont venus rencontrer JL Tomy – l'influenceur star et streamer qui a créé leur club –, reconnaissable à son chignon brun et à ses mèches décolorées.

Recroquevillé sur sa chaise à roulettes ergonomique, Kamiloo se met à marteler les touches de son clavier. Quand sa main droite frémit, le héros qu'il incarne envoie des sorts magiques à toute berzingue. Cent quarante clics en une minute, c'est le rythme d'un joueur profession-

Entraîneurs, analystes, nutritionnistes, kinés, coachs… Les Coréens sont les premiers à avoir investi dans des staffs XXL.

nel. Coordination œil-main, prise de décision rapide, mémorisation, communication. Ce qui distingue Kamiloo du commun des pratiquants, c'est sa maîtrise exceptionnelle de ces aptitudes. L'an passé, alors qu'il venait de quitter le lycée, un autre club était sur les rangs pour le recruter. Mais Izidream l'a convaincu. Ici, *« il y a tout ce qu'un joueur peut chercher »*, justifie-t-il.

Entraîneurs, analystes, nutritionnistes, kinésithérapeutes, coachs – pour le mental et le physique… Les Coréens sont les premiers à avoir investi dans des staffs XXL et des infrastructures pour loger et entraîner leurs champions. Aujourd'hui, leurs équipes tyrannisent la compétition mondiale de l'esport, loin devant les formations de l'Hexagone. Abreuvés par les investissements de figures du Web comme Squeezie ou Kameto, certains clubs de l'élite française tentent de faire front. Mais rares sont ceux à pouvoir s'offrir un bataillon d'encadrants et une résidence pour les joueurs. En deuxième division, Izidream est le seul.

En chaussettes dans l'auberge 2.0

La *gaming house* du club est un cube gris au milieu d'une zone d'activité où le visiteur peut venir s'entraîner au tir à l'arme à feu ou acheter des fenêtres en PVC. Le soir, quand les voitures désertent l'îlot de béton perdu au milieu des champs, les gamers sont les seules âmes qui vivent. Pendant toute la durée de leur contrat d'un an, trois des membres de l'équipe cohabitent dans cette auberge 2.0 tapissée de posters du manga *One Piece* et de *Star Wars*, à la frontière entre la colocation Erasmus à l'hygiène douteuse et l'open space encombré d'écrans d'une PME de la tech. Une situation nouvelle pour des garçons qui, pour la plupart, ont été repérés en dézinguant des adversaires depuis leur chambre, chez leurs parents. Dans cette maison où l'on vit en chaussettes et maltraite des claviers à longueur de journée, l'existence est dédiée à la performance. Une agente d'entretien assure le ménage. Les plats sont servis chauds.

Le petit pécule que touchent ces auto-entrepreneurs – entre 1 200 et 1 400 euros par mois – leur permet de ne pas s'embarrasser de considérations économiques. En échange, les mordus de *LoL* s'engagent à jouer trente parties individuelles par semaine, et à participer aux entraînements collectifs chaque jour, à l'exception des dimanches et lundis. Pour eux, c'est un rêve éveillé. Car le gaming est un métier de passion dont seuls 300 jeunes triés sur le volet vivent en France. Il y a une décennie, ils n'étaient que quelques dizaines à toucher un salaire. Pourtant, si le monde du pixel embauche un peu plus qu'avant, il n'a encore rien d'un eldorado. Chaque année, des clubs professionnels en mal de financement disparaissent. Alors, autant en profiter.

Dans les moments clés de la saison, Croniik, un Espagnol de 26 ans, tatouage Zelda à la cheville – une licence culte dont les jeux se sont écoulés à plus de 100 millions d'exemplaires –, quitte sa Catalogne natale, où il vit avec sa copine, pour poser ses valises dans la maison de trois étages. *« À peine cinq jours ici, et elle me manque déjà ! »*, sourit le romantique qui ne manque jamais de vérifier les notifications de son téléphone entre deux matchs d'entraînement. Du reste, ce fan de manga passe son temps à ricaner avec Kamiloo, vis-à-vis duquel il se sent parfois un peu *« comme un père »*. *« Je lui dis tout le temps que, s'il veut gagner les championnats du monde, il devrait se coucher plus tôt et se réveiller toujours aux mêmes heures ! »*

Les prodiges d'Izidream sont aujourd'hui dos au mur, après une série de cinq défaites. « *Notre intersaison a été compliquée, notre coach est parti* », analysait Ayden deux jours avant le match décisif, en préparant des toasts à l'avocat pour ses protégés dans la spacieuse cuisine de la *gaming house*. « *C'est comme du cardio. Si tu cours un marathon sans te préparer contre des mecs qui s'entraînent depuis un mois, t'es mort.* »

Petits corps et grosses têtes

Chez Izidream, il y a toutefois quelqu'un qui a d'autres obsessions que la compétition. Boucle d'oreille en or, claquettes Birkenstock et tatouage tout frais d'un dragon façon yakuza sur le bras droit : Hugo Hertling, le jeune directeur du club aixois, nous reçoit dans son bureau. Il ne s'y rend presque jamais, trop occupé à faire le tour de ses équipes et à représenter son club auprès de potentiels nouveaux partenaires. Les murs de la pièce sont truffés de figurines Funko Pop – petits corps et grosses têtes en plastique – encore emballées, à l'effigie du Pokémon Dracaufeu ou du super-héros Wolverine – quelques-unes des 2 000 statuettes que possède son père, William. C'est lui qu'Hugo a dû convaincre d'embarquer dans cette aventure en 2019.

« *Quand il m'a parlé de fonder une équipe professionnelle de "LoL", je lui ai d'abord dit que jouer n'était pas un métier.* » William Hertling vient de faire irruption, avec son t-shirt jaune extra-large assorti à sa paire de Nike. À l'aube du XXIe siècle, ce passionné de jeux vidéo a fondé Izitek pour vendre du matériel et des services informatiques. Aujourd'hui, le chiffre d'affaires de son groupe s'élève, selon ses dires, à 60 millions d'euros.

À l'époque, en première année d'école de commerce, son fiston était persuadé que les compétitions de jeux vidéo représentaient une opportunité de business. Pour le prouver à son père, l'étudiant est parvenu à remplir un bar branché d'Aix en y organisant un tournoi de *Fifa*, le cultissime jeu de football. « *Il y avait des politiciens, des chefs d'entreprise… Tellement de monde qu'on ne savait plus où les placer !* se remémore William. *C'est là qu'on s'est dit qu'il fallait mettre des ronds.* » L'entrepreneur, aujourd'hui âgé de 49 ans, a grandi dans cette pop-culture née à la fin des années 1970, qui a embarqué dans son sillon les fans de *Star Wars*, les amateurs de *Dragon Ball* et les mordus de *Super Mario Bros*. Les geeks incompris d'hier sont devenus les heureux financeurs d'une industrie vidéoludique qui, pour la seule année 2024, devrait générer 188 milliards de dollars dans le monde, selon le rapport du cabinet spécialisé Newzoo. Loin devant le cinéma et la musique réunis.

Le père d'Hugo a investi près de 3 millions d'euros afin de fonder et faire vivre Izidream. Comme l'esport coûte plus qu'il ne rapporte, le club a trouvé sa solution pour rentrer dans ses frais : louer des cybercafés nomades équi-

Les geeks incompris d'hier sont devenus les heureux financeurs de l'industrie vidéoludique. Qui rapporte davantage que le cinéma et la musique réunis.

pés d'ordinateurs de gaming ultra-performants. Leurs clients : des centres sociaux et des municipalités en quête de divertissements pour les ados qui s'ennuient l'été. Ces conteneurs d'acier rapportent plus des trois quarts du chiffre d'affaires, le reste venant de partenariats avec des entreprises du coin et des organismes de formation. Pour les dirigeants, le premier objectif de cette année est de réussir à placer une centaine de caissons, « *pas de monter en première division,* assure Hugo Hertling avec son débit mitraillette. *On n'a pas mis le budget pour concurrencer les autres.* » Compétiteurs, les joueurs de l'équipe ne s'embarrassent pas de ces calculs. Tous espèrent que cette saison connaîtra un dénouement heureux.

« En tout cas, il y a bien match ! »

« *Ça arrive de partout !* », s'emballe un présentateur après un début de match spectaculaire. Employés par le diffuseur de la compétition, One Trick Production, ces experts de *LoL* commentent les parties depuis des studios à Paris. À peine six minutes de jeu et déjà la première passe d'armes. Kamiloo est dans les choux. Quelques instants plus tard, l'imprévisible cliqueur réveille les supporters de son équipe en exécutant l'un de ses adversaires. « *Izi ! Izi ! Izi !* », crie la poignée de soutiens. On se croirait au stade. Relayées par les enceintes de la salle et sur Twitch pour les absents, les observations des commentateurs sont dithyrambiques : « *En tout cas, il y a bien match ! Ça joue, ça clique, ça réagit tellement bien ! Le suspense n'a pas été brisé par l'absence de Highway.* » Pourtant, après une série d'affrontements tendus, les Montpelliérains finissent par prendre le dessus au gré d'une série de petites erreurs commises par les Aixois.

Le sourire de Kamiloo s'est effacé. Après la partie, Ayden, le manager, philosophe entre deux accolades : « *Ils grandissent avec ça !* » Dans le couloir de béton derrière la scène, les joueurs refont le match, comme au PMU. Personne ne blâme l'autre, la défaite est collective. Quelques semaines plus tard, malgré d'encourageantes victoires, les sudistes échouent à deux matchs de la montée. Sur Twitter, Kamiloo crache son dégoût « *de finir l'année comme ça* ». Dans quelques jours, avec ses coéquipiers, ils rangeront leur clavier, leur souris et les quelques fringues qu'ils avaient emportées dans le Sud. Libres de tout contrat, ils étudieront les offres d'équipes concurrentes, en espérant qu'elles viennent de clubs plus capés qu'Izidream.

Car la carrière de gamer est courte : au crépuscule de la vingtaine, les joueurs sont généralement condamnés à la retraite. Le corps s'use, les réflexes déclinent. La faute aux troubles musculo-squelettiques, aux problèmes de sommeil et à une certaine forme d'épuisement professionnel. Et quand il faut se tourner vers d'autres horizons, rares sont les entreprises à se montrer intéressées par les compétences comportementales – les *soft skills* – engrangées par ces génies du clic. À moins d'avoir revêtu d'autres casquettes, comme celle de streamer ou d'influenceur.

Âgé de 26 ans, Croniik sait parfaitement que le temps joue contre lui. À l'été 2024, seuls sept joueurs de première division sur cinquante avaient plus de 25 ans. Il fait un vœu : « *J'ai prouvé, tellement de fois, que j'avais le niveau pour gagner la division 2 que j'espère avoir des opportunités au niveau supérieur.* » Quand plus aucun club ne voudra l'embaucher, le Catalan compte se faire recruter dans l'animation 3D, à laquelle il s'était formé avant sa carrière de gamer. « *Si les logiciels n'ont pas trop changé d'ici là…* » XXI

La carrière de gamer est courte : les joueurs sont généralement condamnés à la retraite au crépuscule de la vingtaine.

LE B.A.-BA DE L'ESPORT

D'abord uniquement en ligne, les compétitions de jeux vidéo rassemblent désormais jusqu'à plusieurs dizaines de milliers de fans dans d'immenses salles. De vrais shows millimétrés.

UN PUBLIC SURVOLTÉ

Les passionnés de jeux vidéo viennent voir les joueurs dont ils observent habituellement les performances en ligne. Ici, la salle londonienne Copper Box de 7 000 places est quasiment pleine. Encore assez rares en France, les événements esportifs en salle sont d'une autre ampleur aux États-Unis et en Asie, où ils peuvent réunir jusqu'à 40 000 personnes.

DES CAMÉRAS À GOGO

Les événements en salle sont filmés dans une configuration quasi télévisuelle. Tout comme les compétitions en ligne, ils sont diffusés en direct sur Twitch, la plate-forme de référence du jeu vidéo.

DES ÉQUIPES SOUDÉES

Les grands jeux de la scène esport, comme *League of Legends* (*LoL*), *Counter-Strike* ou *Valorant,* se pratiquent en équipe (ou multijoueurs). C'est le cas ici, sur *Rocket League,* un jeu de football dans lequel le gamer contrôle une voiture ultra-dynamique dans un décor futuriste. Le *roster* – la composition de l'équipe – est donc stratégique. Pour arracher les meilleurs compétiteurs au cours de mercatos très animés, les clubs enchérissent et proposent jusqu'à 12 000 euros par mois en première division française de *League of Legends*.

UNE OCCASION EN OR

Les compétitions sont encadrées par les éditeurs de jeux vidéo qui profitent de cette exposition pour attirer un public sans cesse renouvelé vers leurs produits. Pour les esportifs, ces événements sont l'occasion de toucher d'importants *cash prizes* – prix en argent – qui s'ajoutent à leur salaire. Pour les clubs, c'est un moyen de faire grandir leur *fan base* – communauté – et d'attirer des financeurs.

UN MATÉRIEL DE PRO

Pour être le plus performant possible, le joueur doit disposer d'un matériel de pointe : un ordinateur doté d'une carte graphique et d'un processeur puissants ; un écran pas trop grand, haute définition, au temps de réaction proche d'une milliseconde ; une souris – ou une manette – et un clavier mécanique réactifs. Si l'on ajoute la chaise ergonomique, le bureau et le casque audio, l'ensemble peut coûter plusieurs milliers d'euros.

DES SPONSORS MOTIVÉS

Comme dans les stades de foot, les sponsors affichent leur logo. Ici, la marque d'huile moteur Mobil 1 fait sa pub. Elle s'est invitée dans la compétition de *Rocket League* en 2022. Grâce à l'explosion des audiences des streamings en 2020 et 2021 sous l'effet des confinements, des clubs ont pu réaliser d'importantes levées de fonds. Mais l'esport n'est pas épargné par les difficultés du secteur numérique.

GUY LEROY/COLLECTIF DR

Pour une grosse poignée de clics

Depuis son lancement en 2020, tout réussit à la Karmine Corp, le club de sport électronique le plus populaire de France. Qui se rêve déjà en Disney de la discipline. Sauf que, loin des webcams, Kameto et Prime, ses deux directeurs-influenceurs, se sont livré une guerre secrète.

Par Clément Fayol et Nicolas Gastineau
Illustrations Chantall Veerman

Tout à leur enthousiasme, les fans ratent l'essentiel. Ce samedi 25 mai, sur la *« stage one »* du salon parisien des start-up VivaTech, c'est la première fois depuis des mois que leurs idoles Amine Mekri, alias Prime, et Kamel Kebir, alias Kameto, apparaissent ensemble en public. Et le moins que l'on puisse dire, c'est qu'ils ne se sont pas mis d'accord sur le dress code. Le premier, grand corps athlétique, porte des baskets et le t-shirt blanc de sa marque de vêtements. Le second a revêtu un costume cintré. À 31 et 28 ans, ces deux célébrités d'Internet

sont les fondateurs de la Karmine Corp, le plus populaire des clubs d'esport français. Depuis son lancement en 2020, la « KC », comme disent les fans, a rassemblé jusqu'à 29 000 spectateurs à La Défense Arena, sur la même scène que Taylor Swift. En 2023, le club a même vendu 40 000 maillots, soit davantage qu'un petit club de Ligue 1 de football. Invités d'honneur au sommet annuel des start-up de la tech, tout comme Elon Musk et Bernard Arnault, les deux entrepreneurs, ascendant influenceurs, sont là pour officialiser une nouvelle étape dans leur course aux records. La Karmine sera le premier club européen d'esport à avoir sa propre arène, 3 000 places à Évry-Courcouronnes.

Avec le président de la communauté d'agglomération Grand Paris Sud qui a œuvré à la signature de ce contrat de résidence dans un stade flambant neuf, l'ambiance est à la fête. Les sponsors – CIC, Red Bull et Orange en tête – sont ravis. Mais dès que les caméras et webcams s'éteignent, dans les coulisses, Prime et Kameto s'évitent soigneusement. Ce que personne ne sait, c'est que les deux influenceurs se sont livré une guerre secrète. Avec, pour butin, le contrôle de ce diamant des sports électroniques. Derrière ce duel, un enjeu très contemporain : les célébrités d'Internet ont muté en chefs d'entreprise hyper exposés. Et le moindre accroc à la légende se paie en perte de sponsors et en chute d'audience.

La Karmine Corp est l'histoire d'une ambition. Celle de Kamel Kebir, un jeune homme né en 1995 à Corbeil-Essonnes de parents algériens. Issu d'un milieu modeste, il se passionne pour les jeux vidéo en ligne. Pendant les vacances d'été, il joue toute la nuit, et le matin, dans le taxiphone où il raconte avoir travaillé, il dort sur le comptoir en rêvant d'une carrière de gamer sur *League of Legends*. Ce jeu est celui dont la compétition professionnelle est la mieux structurée et où les espoirs de percer sont les plus palpables. À peine sorti de l'adolescence, Kameto se fait connaître sur Twitch. Le concept de la plate-forme de streaming est simple : on partage son écran avec ses spectateurs tout en interagissant avec eux. Et rapidement, dans le petit carré au bord de l'écran, le visage poupon de Kamel Kebir se met à compter davantage que le jeu sur lequel il s'échine.

L'ère de la téléréalité est révolue. Celle des streamers s'ouvre. Avec Kameto, les temps de silence du joueur concentré laissent place aux hurlements, aux fous rires et même aux confidences. Le garçon parle sans fard. Il exprime ses émotions en direct tous les soirs. À la fin de l'année 2020, le voilà propulsé maître d'une chaîne de presque 700 000 followers (il en a près de 2 millions aujourd'hui). Encore plus intéressant : il cumule alors sur Twitch 12 000 abonnés payants – ses vrais fans, qui déboursent 5 euros par mois pour le soutenir. La plate-forme lui verse à ce titre au minimum 25 000 euros brut par mois, auxquels s'ajoutent les partenariats commerciaux avec des marques. Kameto devient l'un des premiers streamers français. Et ce n'est qu'une rampe de lancement – en 2022, la société personnelle de Kamel Kebir dépassera le million d'euros de chiffre d'affaires.

Le jeune homme n'oublie pas pour autant son objectif, qu'il martèle à son

Avec Kameto, les silences du joueur laissent place aux hurlements et aux fous rires.

public : créer un club d'esport capable de gagner les championnats du monde sur *League of Legends*. Ce qui implique de monter une équipe de cinq joueurs professionnels et de gravir de multiples ligues intermédiaires. Débute l'une des histoires entrepreneuriales les plus réussies de la génération Internet.

En 2019, à l'occasion d'un voyage en Corée du Sud, Kamel Kebir sympathise avec une autre vedette des réseaux, Amine Mekri. Lui est né à Aubervilliers en 1992. Trois ans d'aînesse, à l'échelle d'Internet, c'est un fossé générationnel. Sous le pseudo de Prime, ce fils d'une modeste famille originaire d'Algérie s'est fait connaître sur YouTube en se mettant en scène dans un récit à faire baver Hollywood. Celui d'un jeune des quartiers qui a percé dans le football américain, avant de se blesser. Mais qui est parvenu, en croyant en lui, à déjouer la fatalité. Prime publie des vidéos aux titres accrocheurs : « *Survivre 100 heures en Amazonie* » ou « *Le plan pour devenir riche !* » Il crée une marque de vêtements sobrement appelée Narcissique, et baptise son entreprise Prime Corp, puis une autre qu'il nomme Kelawin – autrement dit : Que la victoire. Il se lance dans le rap, produit un album et parvient à remplir le Bataclan puis l'Olympia. Sa rencontre avec Kamel Kebir lui ouvre les portes d'un monde qu'il ne connaît que de loin : celui des *tryharders*, les gamers les plus endurcis, qui encaissent des dizaines d'heures pour optimiser leurs performances. Et rêvent de gloire électronique.

À cette époque, l'esport français compte déjà quelques grands noms. Il y a Team Vitality, le pionnier historique, dont les équipes combattent sur de nombreux jeux compétitifs, notamment *League of Legends*, en championnat européen. Il y a aussi Solary, une structure hybride composée de streamers, qui aligne une équipe en ligue nationale. L'une entend conquérir les cœurs par les trophées, l'autre par une

Prime se fait connaître sur YouTube en se mettant en scène dans un récit à faire baver Hollywood.

ambiance familiale et des contenus divertissants. Et quand, en mars 2020, sur ses deniers personnels, Kamel Kebir monte sa propre équipe professionnelle, il puise aux deux sources.

377 000 spectateurs en direct

En deuxième division, les matchs de la « Kameto Corp » s'affirment mouvementés, captivants… et victorieux. La passion de l'influenceur est communicative, le stream s'emballe. Alors que la « KC » prend son élan, ses spectateurs se métamorphosent en véritables supporters. Quand, surprise, le 17 novembre 2020, les fans qui se connectent découvrent un décor de conférence de presse. Kamel Kebir est assis à côté d'Amine Mekri, qui annonce rejoindre le projet. Et leur idée d'adjoindre son prénom au nom du club. La Kameto Corp devient Karmine Corp. Karmine ? L'étymologie latine du terme, affirme l'ancien joueur de football américain, renvoie à quelque chose de « *chanceux et de prospère* ». C'est faux. Mais peu importe : la Karmine Corp, promue en première division en janvier 2021, écrase tout sur son passage, remporte le titre national puis gagne l'équivalent de la Ligue Europa de football. Deux fois d'affilée. Avec, déjà, cet enthousiasme du public français pour ses nouveaux champions : leur premier titre européen est regardé en

direct par 377 000 spectateurs, un record pour le tournoi.

« *C'est scripté* », répète régulièrement Kameto à ses fans heureux et incrédules. Scripté, car le néo-patron de club est un grand amateur de mangas de type *shōnen*, un genre littéraire au noyau invariable : une histoire d'apprentissage où un jeune combattant, parti de rien, se hisse à force de volonté au sommet de son monde. Le rapprochement est tentant et, aux yeux de la communauté, la KC écrit ce récit dont Kamel Kebir est le héros. Le chapitre final s'achèvera forcément avec des titres de champion du monde. Portée par ce souffle épique, sa chaîne sur Twitch, qui devient le lieu officiel de diffusion des matchs de l'équipe, entame une nouvelle ascension.

De l'autre côté des écrans d'ordinateurs, en février 2021, dans le bureau-loft d'Amine Mekri à Saint-Denis, les deux influenceurs signent les statuts de la Karmine Corp. Y est prévu que la société de Kamel Kebir détient 55 % des parts, contre 45 % pour Prime Corp, celle d'Amine Mekri. La répartition des tâches est établie entre les nouveaux associés : Kameto se retrouve président et responsable des aspects sportifs, quand Prime obtient le titre de directeur général, chargé de l'événementiel et des produits dérivés – principalement les maillots.

Le 26 juillet 2021, le premier Karmine Corp Experience (KCX), un événement à mi-chemin entre le concert et le tournoi de jeux vidéo, fait salle comble au Palais des congrès à Paris, sans aucun relais médiatique. Le test est réussi, la KC est en train d'accomplir ce dont tous les clubs du secteur n'osaient rêver : faire sortir l'esport des chambres étudiantes. Une association d'ultras, Le Blue Wall, est créée en septembre 2021. Avec leurs chants, leurs maillots floqués et leurs écharpes, les fans importent dans ce nouveau monde la culture des fans de foot – le supportérisme. La petite entreprise tourne au mouvement culturel. Elle porte l'explosion du marché de l'esport français : le secteur, qui pesait 50 millions d'euros en 2019, passe à 141 millions en 2022. De nouveaux acteurs apparaissent, les médias se saisissent du phénomène, avec la Karmine en figure de proue. En 2021, Kamel Kebir et Amine Mekri font la une de *L'Équipe magazine*. Jusqu'à ce que des soupçons de gestion frauduleuse menacent de faire éclater le duo d'actionnaires…

Chauffeurs et notes de frais

Interrogé récemment par Mouloud Achour, l'animateur de l'émission *Clique* sur Canal+, Amine Mekri martèle encore aujourd'hui la version officielle du club. Au départ, il a mis toutes ses économies pour lancer le projet. À l'entendre, l'aventure est sacrificielle. Renseignements pris, la réalité est différente : dès 2022, avec un ami d'enfance devenu son associé, le youtubeur vit aux frais de la société actionnaire de la Karmine Corp, Prime Corp. Les deux copains ne se déplacent qu'avec chauffeur, se font rembourser des dizaines de milliers d'euros de frais de taxis, cigarettes et autres dépenses de complaisance. Un train de vie nettement au-dessus des rentrées d'argent qui, elles, stagnent. La marque Prime attire alors quelques sponsors, mais

La Karmine Corp est parvenue à faire sortir l'esport des chambres étudiantes. Une association d'ultras a été créée.

pas de quoi faire tourner sa petite entreprise : 20 000 euros pour un partenariat avec Puma à droite, 10 000 euros avec Hugo Boss à gauche. Les revenus des pubs YouTube ne suivent pas non plus. Certains mois, alors que la marque Narcissique encaisse moins de 10 000 euros, des flux d'une tout autre envergure passent sous les yeux d'Amine Mekri : ceux des produits dérivés du club d'esport dont il a la charge avec son associé Kameto, maillots en tête. Ils atteignent parfois 395 000 euros sur un seul mois – des sommes qui doivent être reversées à la Karmine Corp. La tentation est trop forte de profiter de la poule aux œufs d'or.

Dans le milieu de l'esport, l'audience est le nerf de la guerre, et les communautés des différentes plates-formes sont parfois très segmentées. C'était donc un choix tactique mutuellement profitable pour un célèbre youtubeur et un poids lourd de Twitch de faire alliance. Mais dans le cas de la Karmine, les intérêts des deux fondateurs n'ont pas réellement convergé : Kamel Kebir a associé son histoire personnelle et sa chaîne à ce projet entrepreneurial, Amine Mekri beaucoup moins. En 2022, l'année où la chaîne de Kameto devient la première du pays en matière d'heures visionnées, le nombre d'abonnés de Prime sur YouTube ne décolle pas. Le youtubeur se met alors à utiliser la célébrité de la Karmine pour faire entrer de l'argent dans sa société personnelle, comme le montrent des documents présentés lors de rendez-vous d'affaires. Dans le dos de Kameto, il signe un contrat pour ses futurs concerts avec le label de musique Play Two. Cette filiale de TF1 qui produit Julien Clerc, Marc Lavoine ou Gims veut être associée à la production des événements Karmine Corp. Afin d'obtenir un beau deal pour ses propres concerts, Amine Mekri assure en catimini qu'il agit en tant que responsable de la stratégie et en charge des équipes de la Karmine Corp. Ce qui est faux. Mais l'ancien joueur de football américain sait qu'en faisant miroiter l'organisation des grand-messes du club – les KCX –, les termes du contrat lui seront plus favorables. Et ça marche. Sa société en péril encaisse une avance de 240 000 euros.

Soupçons et accusations

À la fin du printemps 2022, le clan de Kamel Kebir découvre des anomalies dans les comptes. Des milliers d'euros ont disparu tandis que Prime passe au débotté son permis pour participer à une compétition de Formule 4 organisée par le célèbre youtubeur Squeezie. La suspicion s'installe. Dans la moiteur de l'été, le dangereux numéro de funambule d'Amine Mekri est brutalement interrompu. Le youtubeur reçoit un courrier d'avocat signé de son

L'année où la chaîne de Kameto devient la première du pays en heures visionnées, le nombre d'abonnés de Prime sur YouTube ne décolle pas.

Dans la moiteur de l'été, le dangereux numéro de funambule d'Amine Mekri est brutalement interrompu. À l'ordre du jour : sa « révocation ».

président. L'ordre du jour : sa «*révocation*». La missive déplore l'absence d'explications données par Amine Mekri concernant «*l'ensemble des opérations de merchandising correspondant à l'exploitation de la marque Karmine Corp*». Kamel accuse d'opacité l'entreprise d'Amine. Le litige concerne aussi le contrat KCX, négocié en douce avec Play Two. Si Prime a tiré le moindre profit de l'événement, rappelle Kameto dans sa lettre de déclaration de guerre, c'est toute la Karmine Corp qui pourrait subir le courroux de Riot Games – l'éditeur ne tolère pas que de l'argent soit gagné sur son jeu vidéo sans son autorisation. Et Kameto de conclure : «*La confusion créée par monsieur Mekri (dans son intérêt exclusif)*» alimente «*le soupçon d'une manœuvre volontairement frauduleuse*».

Le clan Prime commence par nier en bloc. Au téléphone puis par écrit, ils assurent à leurs partenaires n'avoir commis aucun manquement et avoir prévenu Riot Games, par l'intermédiaire de son sous-traitant français, Webedia. Leurs avocats, tout en développant les arguments de défense, s'inquiètent du manque de preuves. Prime Corp prépare sa contre-attaque avec une liste de griefs contre Kamel Kebir, et lui reproche son contrat d'exclusivité avec Twitch, «*privant ainsi la société Karmine Corp d'une partie des recettes générées qu'elle pourrait percevoir*». À quelques semaines de la deuxième édition du KCX où 12 000 personnes sont attendues, le club se retrouve au bord de l'implosion.

À l'automne, Amine Mekri joue sa dernière carte. Elle s'appelle Iris Alameddine. Cette connaissance travaille dans une banque d'affaires spécialisée dans le sport et le divertissement, The Raine Group. Son entregent, qu'elle met à disposition de Prime, pourrait apporter la pierre manquante au rêve de Kameto : une place dans la plus prestigieuse ligue européenne de *League of Legends*. La LEC. Une compétition franchisée sur le modèle de la NBA dont le ticket d'entrée, fixé par Riot Games – le propriétaire du jeu –, se vend alors pour 35 millions d'euros. Les discussions commencent, permettant d'éviter une guerre ouverte. Contactés à l'été 2024 par l'intermédiaire du club, les deux fondateurs n'ont pas souhaité nous répondre directement. La communication de la Karmine Corp, qui parle en leur nom, évoque des « *désaccords* » comme « *cela arrive dans toutes les structures* », et précise que cela a été « *réglé en interne depuis un an et demi* ».

Pour autant, l'actionnaire minoritaire accepte des compromis pour ne pas risquer d'avoir à se justifier devant les tribunaux. Prime capitule. Il consent à réduire son nombre de parts dans la société au profit de Kamel Kebir. Surtout, le youtubeur et son ami d'enfance sont éloignés du merchandising et de l'événementiel. Mais la vraie punition est plus subtile, la plus

cruelle dans un monde qui se nourrit de la lumière des écrans : l'invisibilité. Le 16 septembre 2023, au KCX 3 de La Défense Arena, le point culminant de l'histoire du jeune club, Kameto arrive seul, en majesté, devant les 29 000 fans. Un mois plus tard, Amine Mekri est encore absent pendant le live sur le toit de Publicis, devant l'Arc de Triomphe, pour l'annonce de l'entrée – tant espérée – de la Karmine Corp en LEC. À sa place, à la gauche du président, le véritable artisan du deal, qui l'a obtenu pour 25 millions d'euros : Arthur Perticoz.

> « Ce qu'on est en train de monter, c'est un Disney de l'esport. Dans dix ans, une série Netflix portera notre nom. »
>
> **ARTHUR PERTICOZ**

Rencontre au sous-sol

L'esport se transforme en ce début des années 2020 en secteur économique calqué sur celui des start-up. Sans garde-fou ni subsides venus des droits TV – à la différence du sport traditionnel – et sous pression des éditeurs de jeux vidéo, les risques d'effondrement sont réels pour ce marché émergent. Arthur Perticoz est l'homme de la situation à la KC. À peine sorti de Sciences-Po et d'une école de communication, le jeune homme a cofondé une société qui a levé des dizaines de millions d'euros pour vendre une solution de paiement automatique. Il a ensuite lancé avec Mathieu Gallet, ancien directeur de Radio France, la plate-forme de streaming de podcasts Majelan. Deux projets qui ont fait long feu, sans lui porter préjudice. C'est en 2022, pendant l'été explosif pour la Karmine Corp, que les premiers contacts sont pris avec lui. Lors des premières discussions, le poste de directeur général et 150 000 euros de salaire annuel lui sont proposés. Avec un épais cahier des charges : réorganiser l'entreprise dont le conflit avec Prime a révélé la faiblesse structurelle.

Lorsque nous le rencontrons au sous-sol des locaux de la KC, en juin 2024, la tempête est loin et le sujet tabou. « *Les actionnaires fondateurs sont encore majoritaires. Je les réunis tous les deux mois et ne prends aucune décision sans eux* », évacue Arthur Perticoz dans un sourire « Émail Diamant ». L'homme est tout en maîtrise, place « *exégèse* » et « *kiff* » dans la même phrase, multiplie les visios et les *calls* sur une chaise de gaming – siglée Karmine Corp, bien sûr. Il doit faire le pont entre les fondateurs qui, de nouveau, s'affichent ensemble dans les événements. Mais surtout, le sémillant homme d'affaires doit lever des fonds : il a la charge de financer le paiement de la LEC, qui s'échelonne en plusieurs versements. Il a honoré les deux premiers. En octobre 2023 puis juin 2024, des investisseurs ont mis 4,5 millions puis 3,2 millions d'euros sur la table. Et les suivants ?

« *L'an prochain, on dépassera les 10 millions de chiffre d'affaires tout en restant rentable* », rassure-t-il, pas peu fier des résultats de l'entreprise qu'il a considérablement assainie. Il faut dire qu'il a fait basculer la Karmine dans un nouveau monde : le sien. Celui des start-up et de la course aux financements. « *Ce qu'on est en train de monter, c'est un Disney de l'esport* », annonce-t-il. C'est-à-dire une machine à divertir son audience. « *Et, dans dix ans, une série Netflix portera notre nom.* » Avant son prochain rendez-vous, son attachée de presse lui suggère une pause. Il lui lâche dans un sourire : « *Mieux vaut pas. Si je m'arrête de courir, je tombe.* » La Karmine Corp aussi. XXI

Bouge de là, le Mouv'

Le 31 mai 2024, il est minuit passé lorsque le président de la Karmine Corp, Kamel « Kameto » Kebir, appelle son directeur général, Arthur Perticoz. L'ordre du soir : la communauté est en colère contre le tout nouveau partenaire de l'entreprise, le Mouv'. À l'occasion des élections européennes, l'antenne des cultures urbaines de Radio France a posté sur ses réseaux sociaux l'interview d'une candidate du Rassemblement national. Les fans sont très exigeants quant à l'alignement des partenaires sur les valeurs revendiquées par Kameto, qui n'a jamais fait mystère de son hostilité au parti d'extrême droite. *« On void* [on annule le partenariat, NDLR], *les frères ? »*, lance alors le président à la cantonade.

Le coup de fil nocturne a lieu en plein live, devant des dizaines de milliers de fans. La question leur est adressée. On *« void »*, approuvent-ils avec moult émoticônes dans le chat défilant à toute vitesse. Le sort du Mouv' a été tranché publiquement. Un concentré du fonctionnement de la Karmine Corp.

La démocratie directe a cependant ses limites. Si ce petit événement a facilement été écarté, il n'en est pas de même de ceux concernant de plus gros soutiens, comme Ekwateur. Partenaire du club, le fournisseur d'énergie propose une offre spéciale pour ses fans : un maillot floqué de la KC donné en cadeau pour toute souscription à un contrat d'énergie. Or, comme Kameto, les supporters sont très mobilisés sur la crise palestinienne et ils sont nombreux à avoir pointé sur Twitter l'identité de l'actionnaire principal d'Ekwateur, le milliardaire israélien Idan Ofer. La Karmine Corp n'a pas pour autant affronté le sujet en live. *« On est transparents »*, résume Kamel Kebir après l'annulation publique du Mouv'. Avant d'ajouter : *« Pas sur tout à 200 %. »* **C. F. et N. G.**

Influenceur aux 19 millions d'abonnés sur YouTube, vidéaste, streamer et entrepreneur, Squeezie est la star de l'esport français.

SÉBASTIEN SALOM-GOMIS/AFP

Club cherche cash

En apparence, un club d'esport a tous les atours d'un club de sport traditionnel : les maillots, les joueurs, les coachs, les fans… Il leur manque pourtant des sources essentielles de financement : pas de billetterie de stade ni de droits télévisés – les compétitions de jeux vidéo sont retransmises sur des plates-formes gratuites. Résultat, l'audience est vertigineuse mais, admet Nicolas Maurer, directeur général de Vitality, *« sa monétisation ne suit pas encore »*. Pour résoudre cette équation, ce célèbre club français – grand concurrent de la Karmine Corp – compte sur les victoires en tournoi, grâce aux gains reversés par les éditeurs de jeux et à l'attention médiatique qu'elles suscitent. *« Vitality marche à la perf ? À la perfusion, oui »*, se moque un connaisseur en référence à la générosité de Tej Kohli, un richissime entrepreneur indien la société de gestion de fonds a investi 50 millions d'euros dans le club en 2022.

L'autre moyen est de profiter de la popularité d'influenceurs monétisables. Au premier rang desquels figure Squeezie, cofondateur du club Gentle Mates… et youtubeur aux 19 millions d'abonnés. Plus la communauté est vaste et engagée, plus les sponsors se précipitent, et plus la vente de maillots explose. La Karmine Corp, en un sens, emprunte à tous ces modèles à la fois. Avec un atout en plus, dont l'avenir dira s'il est rentable : la KC a désormais son propre stade, inauguré le 20 septembre. C. F. et N. G.

EN COULISSES

Aux portes de la citadelle Karmine

Dès le début de notre enquête, un paradoxe est apparu. L'esport se donne des airs de maison grand ouverte. On peut pénétrer dans la vie quotidienne des équipes par la fenêtre des lives Twitch, des compétitions et des vlogs. Pourtant, quand il s'agit de répondre aux journalistes, le secteur se fait beaucoup plus timide, voire mutique. Ceux dont le modèle économique repose sur la transparence du streaming contrôlent plus sévèrement leur image que bien des chefs d'entreprise traditionnels. Réflexion faite, le paradoxe n'en est pas un : l'image publique est le nerf de la guerre des créateurs de contenus. Elle fait donc l'objet d'une attention minutieuse. En tant que journalistes, aborder un club d'esport est aussi un exercice d'humilité. La force de frappe médiatique de la Karmine Corp est telle que le club n'a besoin de personne pour s'adresser au grand public. Pourquoi prendre la peine de répondre à des questions quand on est soi-même un média ? Les influenceurs ne s'expriment que quand cela les arrange, jonglent avec les règles du *on* et du *off* aussi habilement que des professionnels de la politique. D'ailleurs, les médias traditionnels qui écrivent à leur sujet se cantonnent aux portraits et articles élogieux. Bref, ce petit milieu en pleine croissance nous a fait l'effet d'une citadelle paranoïaque.

Ce qui est clair, c'est que la génération Internet est sur le pont. Ses patrons ont moins de 30 ans, ils pèsent des millions d'euros et signent des contrats pluriannuels avec les plus grandes entreprises. En dehors de l'establishment économique et médiatique, Kameto et Prime ont fait émerger un petit empire du divertissement.

Méthodiquement, nous avons donc rencontré les acteurs de l'esport pour les faire parler de ce qu'il se passe quand les webcams s'éteignent. Et nous avons découvert que, derrière les récits enjoués d'une bande de copains, se cachent bien des secrets. Comme les entreprises traditionnelles avant elles, ces nouvelles sociétés découvrent, avec les millions d'euros de chiffres d'affaires, leur cortège de convoitises, de batailles d'actionnaires, de lettres d'avocat et de mises en demeure. **C. F. et N. G.**

À lire, à écouter, à voir

Level Up, Au cœur de l'esport français
Série documentaire
France TV, 2024
Publiés par Slash – la plate-forme en ligne de France TV –, les trois épisodes suivent les succès sportifs de la Karmine Corp. Au cœur de la machine événementielle, la série permet de mesurer l'engouement populaire pour le club et la starisation de ses fondateurs.

L'ascension DRX
Documentaire
Red Bull Media House avec Riot Games, 2023
Pour comprendre la capacité de l'esport à embarquer les foules, il faut voir au moins une fois les mondiaux de *League of Legends*. Ce film produit par l'éditeur du jeu raconte l'histoire du club coréen DRX qui, depuis la ligue nationale, a remonté toutes les phases de qualification jusqu'à la finale de l'édition 2022.

Squeezie, Merci Internet
Série documentaire
Prime Video, 2024
Avant d'être suivi par plus de 19 millions d'abonnés sur YouTube, Lucas Hauchard, alias Squeezie, a commencé à se filmer avec un caméscope, seul dans sa chambre d'ado. La série raconte, en cinq épisodes, comment il est devenu l'icône d'une génération.

Esport : les coulisses d'une industrie spectaculaire
Podcast de François Saltiel
France Culture, 2023
Cette émission du *Meilleur des mondes* souligne les difficultés pour les clubs ou entreprises, sous la coupe des ayants droit, à s'imposer comme des acteurs rentables. Cette particularité rend d'autant plus difficile la définition de l'esport, à la croisée entre sport, divertissement et marketing.

Y a-t-il un shérif dans l'arène ?

Devant leur écran, les gamers combattent des dragons ou des terroristes. Les acteurs de l'esport, eux, doivent affronter les éditeurs des jeux vidéo, véritables maîtres de la discipline qui s'efforcent de tout verrouiller. Jusqu'à l'association France Esports, créée pour réguler la pratique dans l'Hexagone.

Par Clément Fayol et Nicolas Gastineau
Illustrations Killian Pelletier

Il remplit des stades de 30 000 spectateurs, et vend plus de maillots que certains clubs de foot de Ligue 1. Il compte également en France plus d'un million de pratiquants inscrits à des compétitions – et près de 12 millions d'amateurs. Pourtant, qui ne s'est jamais connecté à la plateforme de streaming Twitch n'en connaît probablement pas les arcanes, voire n'en a jamais entendu parler. L'esport, la compétition de jeux vidéo, y réunit chaque soir des centaines de milliers d'adeptes, suspendus aux performances de joueurs professionnels et à celles de leur club favori. On y trouve des voitures qui dribblent dans *Rocket League*, édité par Psyonix. Dans *League of Legends*, édité par Riot Games, on y croise des cham-

PRINCE
RIOT GAMES
GOUVERNEMENT
ÉLYSÉE
CONTRATS

pions fantastiques, démons, mages ou guerriers, dans une « arène 5 contre 5 » – où deux équipes de cinq joueurs s'affrontent. On y devient terroriste tirant sur des antiterroristes – ou l'inverse –, dans *Counter-Strike*, édité par Valve.

Les annonceurs publicitaires ont vite saisi l'intérêt de ce vivier de fans : un public jeune, entre 16 et 35 ans, qui regarde peu la télévision et ne lit pas la presse papier, donc difficile à toucher par d'autres canaux. Et les sponsors accourent, pour le plus grand plaisir des éditeurs de jeux vidéo, qui en détiennent la propriété intellectuelle. Véritables maîtres à bord, ce sont ces derniers qui organisent le plus souvent les compétitions, en définissent les règles, décident de qui peut jouer ou non, voire du montant à payer pour participer à des ligues fermées. Comme si le fabricant de ballons qui avait inventé le football contrôlait tout le circuit professionnel de son sport. Rien de tel que les récits épiques produits par un match de haut niveau pour donner envie aux jeunes d'acheter toujours plus de balles dans lesquelles taper.

À se demander si l'esport n'a de sport que le nom. Certes, la discipline sollicite bel et bien la force physique – elle engage le corps dans un concours d'adresse, de précision et de vitesse, quelque part entre le tir à l'arc et le jeu d'échecs. De même, elle arbore tous les codes des disciplines populaires, des maillots aux clubs, des préparateurs sportifs aux coachs de performance, des commentateurs aux clubs d'ultras. Pourtant, c'est avant tout un outil marketing destiné à créer du désir autour des jeux et à fidéliser leurs millions d'adeptes.

Tous les interlocuteurs rencontrés l'ont répété, tel un mantra : il faut d'urgence « *structurer l'écosystème* ». Emmanuel Macron a bien essayé en 2022 d'adouber l'association France Esports pour y parvenir. Mais notre enquête montre que, loin d'être une représentante impartiale du secteur, France Esports est devenue une petite boutique, cornaquée par un lobby, qui a perdu la confiance des principaux acteurs. Une contradiction résumant, à elle seule, celle de tout l'esport français.

Les éditeurs de jeux vidéo organisent les compétitions, en définissent les règles, décident de qui peut jouer ou non.

« Allô, c'est l'Élysée »

« *Numéro inconnu.* » Ce jeudi-là de mai 2022, Désiré Koussawo décroche son téléphone tout en se frayant une place parmi les passagers du vol Paris-Riyad. « *Monsieur le président de la République voudrait rencontrer la filière de l'esport français,* requiert un conseiller au bout du fil. *Il me faut d'ici demain soir une liste de 200 noms avec dates de naissance. Ça ne peut pas attendre lundi.* » Le président de France Esports nous raconte sa surprise, installé dans un petit restaurant italien du XVe arrondissement à Paris, en marge du salon VivaTech, la grand-messe annuelle des start-up. Son association loi 1901 a été créée en 2016 par les acteurs majeurs de la discipline (clubs, organisateurs d'événements, agences de

Les législatives en vue, le président de la République cherche à embarquer la jeunesse. Le soir de la réception, l'élite de l'esport accourt.

joueurs) pour donner une existence juridique à l'esport. Assimilée par défaut aux jeux d'argent en ligne, la pratique était seulement tolérée jusque-là. Puis, l'association a sommeillé, subventionnée par l'État et des collectivités, sans que sa raison d'être soit bien claire.

Jusqu'à ce vendredi 3 juin 2022. Le soir de la réception organisée à l'Élysée. La date ne doit rien au hasard : les élections législatives en vue, le président cherche à embarquer la jeunesse qui ne s'est pas mobilisée pendant la présidentielle. Invitée au pied levé, l'élite de l'esport, ce monde parallèle plus habitué aux webcams qu'aux caméras de la présidence, accourt. Les images publiées par le service de communication, encore visibles aujourd'hui, montrent Sébastien « Ceb » Debs, le double champion du monde du jeu *Dota 2*, Kamel « Kameto » Kebir, le fondateur du club ultra-populaire Karmine Corp, ou encore Fabien « Neo » Devide, président de la structure la plus titrée, Team Vitality. Des superstars de l'esport tricolore. « *C'était exceptionnel,* s'anime Désiré Koussawo en ouvrant grand les bras devant sa pizza calzone. *Je peux vous dire qu'à l'époque tout le monde voulait en être.* »

Son enthousiasme est compréhensible : sur les images, on voit Emmanuel Macron sur une estrade le félicitant. Et sur les pupitres élyséens le logo bleu-blanc-rouge de son association, partenaire de l'événement. Voilà France Esports bombardée porte-drapeau d'un phénomène de société. Devenue interlocutrice de l'État sur le sujet, elle est censée en représenter tous les acteurs.

Petits clubs contre géants de l'industrie

« *Alors, G2 a gagné son match au MSI ce matin ?* » En quelques mots dans l'ascenseur, Denis Masseglia nous fait comprendre qu'il est un vrai amateur. Dans le petit deux-pièces qui lui sert de bureau à l'Assemblée nationale, l'élu de la majorité a installé un fauteuil de gamer et un *setup* – installation comprenant micro, caméra, casque, ordinateur… – de diffusion en direct. L'ancien informaticien est devenu député en 2017, à l'époque où Emmanuel Macron avait lancé un recrutement national de candidats sur formulaire. Il est l'un des premiers à avoir plaidé pour cette fameuse « structuration » du secteur. En 2019, il a conduit un groupe de travail de l'Assemblée sur le sujet. Pourtant, lorsque nous l'interrogeons sur le rôle éventuel

LIVE
NEW
PUB

de l'État, Denis Masseglia reconnaît qu'il attend surtout des acteurs qu'ils *« formulent leurs besoins »*.

« À l'origine, l'idée de France Esports est simple, explique Désiré Koussawo. *Il s'agit de rassembler les acteurs de l'esport pour qu'ils puissent parler d'une seule voix. »* L'idée est simple mais la réalité l'est moins, car l'esport agite un concert de voix dissonantes. Un exemple : Riot Games, groupe américain et filiale du géant chinois Tencent, est propriétaire du jeu *League of Legends*. C'est la Rolls-Royce de l'esport. Sous sa coupe se trouvent les organisateurs des compétitions, comme Webedia, le leader français du divertissement à l'ère Internet, qui monte pour le compte de Riot Games le circuit national de *League of Legends*.

Or, les équipes des clubs professionnels qui y concourent perçoivent quelques dizaines de milliers d'euros au mieux, tandis qu'elles doivent assumer les salaires de leurs joueurs et de leurs coachs ainsi que tous les coûts inhérents à la vie d'un club. Cette rémunération fait l'objet d'une négociation avec Webedia, elle-même contrainte par son contrat avec Riot Games. À chaque fois, un club de la taille d'une PME doit donc négocier seul le partage de la valeur générée par un événement avec un géant de l'industrie. Sachant que la valeur réelle de la compétition ne réside pas dans ses recettes, mais dans l'intérêt qu'elle entretient pour un jeu.

France Esports n'a jamais jugé bon de monter au créneau pour jouer les médiateurs et permettre aux clubs de s'exprimer d'une seule voix face aux éditeurs. D'ailleurs, les clubs professionnels très suivis comme Team Vitality, Karmine Corp et Gentle Mates n'adhèrent pas à l'association. Selon nos informations, ils planchent même de leur côté sur un projet de syndicat.

Le combat des subventions

Un immeuble sans charme du VIIIe arrondissement de Paris. À l'entrée du siège social de France Esports, pas la moindre trace de l'association. Une plaque indique en revanche le quartier général du Sell, le syndicat des éditeurs de jeux vidéo. Malgré nos demandes répétées, le Sell et ses lobbyistes refusent de nous rencontrer. Pour finir par nous renvoyer… vers France Esports car, nous dit-on au téléphone, il faut *« considérer qu'échanger avec le Sell, c'est échanger avec France Esports »*. Dont acte.

« C'est une chose exceptionnelle d'avoir des grands éditeurs comme Ubisoft et Riot Games

Les clubs professionnels très suivis n'adhèrent pas à France Esports. Selon nos informations, ils planchent même de leur côté sur un projet de syndicat.

avec nous », se réjouit Désiré Koussawo, casquette noire vissée sur la tête, visiblement surpris par nos interrogations insistantes sur les liens de son association avec le lobby des propriétaires de jeux. Celui qui se présente en « *homme de consensus* » avoue tout de même avoir dû se battre avec eux pour qu'ils ne s'opposent pas à l'octroi d'une subvention de 80 000 euros par le ministère des Sports à sa structure.

Nicolas Besombes, sociologue du sport et représentant historique – élu parmi les adhérents – de France Esports, nous éclaire : « *Ils craignent qu'en recevant trop de fonds de l'État, l'association perde son indépendance et devienne, de fait, une fédération.* » Pas juste l'association sympathique qui joue un rôle d'animation de la filière, notamment en publiant des guides de bonnes pratiques à l'usage des organisateurs de tournois, ou en produisant chaque année sa propre étude quantitative, le Baromètre de l'esport. Mais une vraie fédération, délégataire d'un service public, avec des licences, un suivi des joueurs et des compétitions organisées sous l'œil de l'État.

Cette seule idée réveille le pire cauchemar des éditeurs : le scénario sud-coréen. Dans les années 2000, la pratique compétitive d'un jeu vidéo de stratégie nommé *StarCraft* explose dans le pays. Son propriétaire, le studio américain Blizzard, ne mesurant pas le phénomène, laisse l'État coréen prendre en charge l'organisation des tournois via un organisme ad hoc, la KeSPA, la première fédération esportive de l'histoire, rattachée à un gouvernement. Lorsque Blizzard se réveille une décennie plus tard, la KeSPA contrôle tout, des licences des joueurs jusqu'aux droits de diffusion des matchs sur les chaînes nationales de télévision. L'éditeur américain veut sa part du gâteau, la négociation tourne au conflit juridique. La leçon a été retenue par les géants de l'industrie, qui regardent avec méfiance la moindre subvention. Et ce n'est pas Denis Masseglia qui les contredira. « *L'esport leur appartient, ils font ce qu'ils veulent,* tranche le député macroniste. *La propriété intellectuelle, ça se défend. Je ne veux pas d'un système communiste !* »

C'est pourtant la formule institutionnelle, estime Boban Totovski, secrétaire général de l'International Esports Federation (IESF), la fédération des fédérations, qui a permis à d'autres pays de convaincre le monde olympique d'accueillir la discipline. En Corée du Sud, paradis de la pratique, la puissante KeSPA est membre

Les éditeurs craignent que France Esports devienne une vraie fédération, avec des licences et des compétitions organisées sous l'œil de l'État.

Au printemps 2022, Emmanuel Macron avait évoqué de manière assez vague l'intégration de l'esport aux Jeux olympiques de Paris 2024.

du Comité olympique coréen. Elle a pu envoyer une équipe nationale de *League of Legends* aux Jeux asiatiques de Hangzhou, en Chine, à l'automne 2023. Les joueurs sont rentrés à Séoul avec une médaille d'or, sous les acclamations du public.

« Putsch » au sommet ?

Lors de la fameuse réception du printemps 2022, Emmanuel Macron avait évoqué de manière assez vague l'intégration de l'esport aux Jeux olympiques de Paris 2024. « *Mais avec le modèle France Esports, cela n'aurait pas été possible* », croit savoir le responsable de l'IESF. Sur la page d'accueil de son site, France Esports se revendique pourtant comme « *partenaire* » du Comité national olympique et sportif français (CNOSF). Renseignement pris, la petite convention de 30 000 euros qui liait l'association au CNOSF n'a pas été renouvelée par ce dernier, qui nous confie reprocher à l'association-lobby de ne pas avoir « *suffisamment précisé son périmètre d'intervention* ».

Veut-elle représenter tous les acteurs ? Être la porte-parole des jeux ? Faire du lobbying ? Aider la pratique amateur à se structurer ? Tant pis pour « *les valeurs et les principaux fondamentaux de l'olympisme* » dans lesquels France Esports promet de s'inscrire à l'article 2 de ses statuts. France Esports est « *arrivée au bout d'un cycle* », reconnaît Désiré Koussawo, le président de l'association. Le consensus ne se fait que sur les plus petits dénominateurs communs : la création du premier titre professionnel d'encadrant esport en 2023, par exemple. Ou, la même année, la TVA à taux réduit sur les billets d'événements esport, comme c'est le cas pour les compétitions sportives. Pour le reste, les acteurs majeurs ont déserté l'association. Chacun fait désormais bande à part.

Aux dernières élections des représentants de France Esports, en janvier 2024, Webedia qui voulait reprendre du pouvoir au conseil d'administration a échoué à se faire élire au cours de ce qui a été décrit par plusieurs témoins comme un petit « putsch » – ce que nie la société. Une lettre courroucée d'un ancien fondateur de France Esports et partenaire d'affaires de Webedia a circulé – son auteur était également dans le coup –, dénonçant un « *bureau qui ne représente plus que lui-même* ». Sous couvert d'anonymat, un dirigeant d'équipe abonde. Il décrit l'association comme un petit club « *qui se coopte à l'infini* ».

Maquette du Qiddiya Performing Arts Centre, près de Riyad, notamment destiné à accueillir des compétitions d'esport.

Les Saoudiens aux manettes

L'OPA de l'Arabie saoudite sur l'esport a été lente et minutieuse. En 2019, Désiré Koussawo, aujourd'hui président de France Esports, est à l'époque directeur général de la branche française d'ESL (Electronic Sports League), l'un des leaders européens de l'organisation de tournois. Il est contacté par le Public Investment Fund, le fonds souverain saoudien, pour accompagner sa stratégie dans le domaine. Pendant deux mois, le Français s'installe à Riyad et transmet aux fonctionnaires de cette institution – qui pèse 700 milliards de dollars – son savoir-faire dans l'organisation de compétitions. Il est loin d'être le seul. En quelques années, le pays a fait venir des consultants du monde entier pour préparer son abordage.

À partir de 2019, l'Arabie saoudite dévoile ses ambitions. Dirigé d'une main de fer par le prince héritier Mohammed ben Salmane, lui-même fan de jeux vidéo, le pays investit des milliards de dollars dans un secteur qui peine à s'émanciper de la tutelle des éditeurs de jeux. Un obstacle que le pays contourne en signant des méga-partenariats ou en rachetant des parts dans les plus grandes sociétés éditrices.

Discrétion et efficacité

En juillet 2020, lorsqu'un partenariat est scellé entre la ville futuriste saoudienne Neom et le LEC – le championnat européen de *League of Legends,* géré par l'éditeur du jeu Riot Games –, une grève générale de l'équipe de production éclate. Quelques mois seulement après l'assassinat de l'opposant saoudien Jamal Khashoggi, la pilule ne passe pas. Mais chassé par la porte, le royaume revient par la fenêtre. En janvier 2022, l'entité saoudienne Savvy Gaming Group, filiale du fonds souverain, rachète pour 1,5 milliard de dollars ESL ainsi que Faceit, un autre acteur majeur de l'écosystème.

Les salariés des sociétés et leurs précieux carnets d'adresses sont conservés. La « saoudisation » devient ainsi plus discrète. Et plus efficace. Début juillet 2024, le pays lance sa Coupe du monde, le tournoi EWC (Esports World Cup). Avec 60 millions de dollars de gains à la clé – un record absolu –, les plus grands clubs de la planète mettent de côté leurs dernières hésitations. Toujours en recherche de nouveaux financements, les deux premiers clubs français, Karmine Corp et Team Vitality, les Coréens de T1 et les Américains de Cloud9 participent aux compétitions. Ultime signe du succès de la stratégie de l'Arabie saoudite : le Comité international olympique a annoncé en juillet que le pays organisera, en 2025, les premiers Jeux olympiques de l'esport. **C. F. et N. G.**

JLPPA / BESTIMAGE

EN COULISSES

L'alliance du fan et de l'ignare

Enquêter sur l'esport, quelle drôle d'idée. Par une moue sceptique ou indifférente, nos interlocuteurs nous ont d'abord fait douter de notre démarche. Mais les premières recherches de notre binôme désaccordé, constitué d'un fan de la discipline de 28 ans et d'un néophyte de 34 ans, nous ont convaincus qu'il y avait un intérêt à questionner le secteur. Comment ne pas s'interroger sur une pratique méconnue du grand public qui déchaîne les passions des plus jeunes ? Des millions de Français en sont mordus, mais en toute discrétion : sur la plate-forme Twitch, qui fonctionne comme une réalité parallèle. Cette situation influe sur le traitement journalistique du sujet. D'un côté, des médias spécialisés traitant l'actualité de l'esport sans recul critique ; de l'autre, des médias établis esquivant ce phénomène social non identifié.
Au fil des entretiens et des récits d'initiés, le choix de se pencher sur France Esports s'est imposé. Cette association au statut ambigu – entre lobby, embryon de fédération et business club – incarne, à elle seule, les contradictions d'un sport qui ne questionne plus le pouvoir de ses propriétaires : les éditeurs de jeux. C. F. et N. G.

Petites parties entre treillis

Sylvain promet que le but n'est pas d'enrôler. *« Il est hors de question que l'esport serve à recruter des soldats. C'est juste pour kiffer »*, assure le quinquagénaire. L'officier en pantalon treillis fait partie des animateurs du stand du ministère des Armées à VivaTech, le salon annuel des start-up. Il arbore également un t-shirt noir de gamer au nom de l'« Armée de l'air » et de l'« Espace esport & gaming ». L'association de droit privé, créée en 2023 par des soldats, rassemble 1400 adhérents. Leur motivation : organiser des compétitions sur des jeux vidéo avec des confrères américains et britanniques. La hiérarchie n'est pas partie prenante, mais elle les autorise à porter leurs galons et même à utiliser la base aérienne de Rochefort. Il s'agit de favoriser l'esprit de camaraderie, commente Sylvain. Qui partage au passage ses propres frustrations : *« Je m'occupe des ressources humaines à l'état-major des armées, et je n'ai pas mis un pied sur une base depuis dix ans. Le contact avec les collègues me manque. Depuis que je suis dans l'association, je fréquente de nouveau les pilotes et les mécaniciens. »* Avant d'atterrir : *« On sait aussi que, si on dépasse un certain seuil, Riot Games ou les propriétaires des jeux vont nous demander des comptes. »* **C. F. et N. G.**

À lire, à écouter, à voir

Against the Odds
Documentaire de GrizzlyMug
Red Bull Media House, 2019
Ce film relate l'histoire improbable du club de joueurs OG, ou comment une bande d'amis parvient, avec des bouts de ficelles et quelques sponsors, à créer une écurie… et à remporter le tournoi le plus lucratif de l'esport mondial.

Play Nice
Livre de Jason Schreier
Éd. Grand Central Publishing, 2024
L'auteur, qui a documenté les cadences infernales des studios de jeux vidéo, raconte ici l'histoire de Blizzard Entertainment, un pionnier de l'esport. Sa fusion avec le géant Activision et son cortège de cost-killers ont marqué le début d'une guerre – perdue d'avance – entre développeurs passionnés et actionnaires.

Philosophie des jeux vidéo
Essai de Mathieu Triclot
Éd. La Découverte, 2017
Pour cerner cet ovni qu'est le jeu vidéo, l'auteur l'envisage comme la marchandise parfaite du capitalisme contemporain : un modèle d'organisation du travail où l'aliénation s'évanouit dans le fun.

Immersion
Revue semestrielle
Éd. Imperatorem
Lancée fin 2017, cette revue indépendante amène dans le paysage vidéoludique une passion inhabituelle et gourmande pour l'analyse des signes, le goût de la littérature et l'étude de la narration.

Culver City, Californie, en février 2020. Dans le studio de streaming, les gamers Erind « Froste » Puka, Joseph « Mako » Kelsey et Brandon « Avalanche » Thomas s'adressent en direct à leurs fans avant la mi-temps de l'événement 100 Thieves.

« Le modèle actuel de l'esport n'est pas viable »

Pour **NICOLAS BESOMBES,** sociologue à l'Institut des sciences du sport-santé de Paris et membre de l'association France Esports, seuls les clubs créés par des influenceurs parviennent à tirer leur épingle du jeu.

XXI À quand remontent les débuts de l'esport ?
On trouve, en 1972, la trace d'une première compétition de jeux vidéo, lorsque 17 joueurs et joueuses s'affrontent sur *Spacewar!* Mais il faut attendre 1997 pour que la pratique se structure vraiment. Cette année-là, un tournoi est organisé sur *Quake*. Le développeur de ce jeu de tir, John Carmack, offre même sa Ferrari en récompense ! Un des participants, Dennis « Thresh » Fong, se montre très fort. Il pose les jalons de techniques qui perdurent jusqu'à aujourd'hui, comme le fait de se déplacer dans un jeu avec la combinaison des touches WASD sur un clavier QWERTY. Parallèlement, les premières ligues professionnelles apparaissent, aux États-Unis, puis en Allemagne, en Corée du Sud, en France et en Suède. Avec la mise en place de ces circuits réguliers, une carrière professionnelle devient possible.

Près de trente ans après, quelle est l'ampleur de la pratique en France ?
Les joueurs professionnels représentent la partie visible de l'iceberg médiatique. Ils ne sont que 300 à exercer dans l'Hexagone, qu'ils soient français ou non. La plupart des joueurs sont amateurs : ils s'affrontent pour gagner des petits lots, comme des casques, des manettes ou de petites sommes d'argent. Ils étaient 2,5 millions en 2023. Au niveau mondial, il est plus difficile de donner un chiffre.

L'esport s'est-il démocratisé ?
Pas vraiment. Les esportifs sont majoritairement jeunes et issus de classes sociales favorisées. Plus de 53 % d'entre eux appartiennent aux catégories sociales professionnelles supérieures – cadres, chefs d'entreprises ou commerçants –, alors qu'en France cette CSP correspond à 28 % de la population. Les hommes représentent plus de neuf joueurs sur dix dans les compétitions, alors que le jeu vidéo est autant pratiqué par les femmes que par les hommes. De manière empirique, enfin, on

BILL MCCULLOUGH

constate que ce sont généralement des personnes non racisées et qu'elles sont peu nombreuses à avoir des handicaps visibles.
Plus globalement, c'est une pratique de « pays du Nord ». Trois zones géographiques se démarquent : l'Europe occidentale, l'Asie et l'Amérique du Nord. À l'image des sports traditionnels, l'esport nécessite des infrastructures. Il faut des data centers et des serveurs dédiés pour se connecter et jouer dans de bonnes conditions aux jeux en ligne, ce qui coûte cher.
Mais la pratique rapporte en retour, surtout aux éditeurs des jeux, et notamment aux plus importants, qui sont nombreux aux États-Unis. Ce n'est pas un hasard si c'est dans ce pays que le phénomène a émergé : Atari, puis plus tard Blizzard ou Electronic Arts ont perçu une opportunité dans le développement de compétitions autour de leurs jeux. De même, si la Corée du Sud est devenue une référence de l'esport, c'est aussi parce que le pays investit massivement dans les nouvelles technologies depuis les années 2000. Le développement de la pratique suit donc aussi une logique économique.

En France, combien gagne un joueur professionnel ?

La rémunération dépend du jeu pratiqué. Quatre circuits sont très structurés et professionnalisés : ceux de *Counter-Strike, Valorant, League of Legends* et *Rocket League*. Leurs joueurs peuvent gagner jusqu'à 35 000 euros par mois pour les meilleurs, qui sont moins d'une dizaine dans le monde. Il n'existe aucune donnée officielle, mais en moyenne, les professionnels perçoivent entre 2 000 et 6 000 euros mensuels. Auxquels s'ajoutent les rémunérations pour leur présence sur des plates-formes comme Twitch, les opérations commerciales avec des annonceurs et les gains obtenus en tournois.
L'esport a relativement peu de sources de revenus, à la différence des sports traditionnels qui, eux, peuvent tabler sur la diffusion des compétitions

à la télévision, la billetterie et les paris sportifs. Les clubs d'esport sont donc très dépendants du sponsoring, dont ils tirent généralement plus de la moitié de leurs rentrées d'argent. Les annonceurs sont intéressés par ce secteur car il attire un public jeune – majoritairement entre 18 et 34 ans –, une population difficile à toucher par ailleurs : Kia, Red Bull ou encore Orange financent cet écosystème. Cela dit, de nombreux annonceurs ont actuellement l'impression de ne pas obtenir le retour sur investissement espéré et se retirent progressivement du secteur.

Quelles sont les autres sources de revenus des clubs ?
Ils gagnent de l'argent avec les produits dérivés, les objets virtuels à leur effigie, leur activité de conseil auprès d'annonceurs, de marques et d'investisseurs, la location de leurs espaces de pratique ou encore l'accueil de public à l'occasion de *viewing parties* – visionnage de parties à plusieurs, en ligne ou physiquement – lors de compétitions. En revanche, ils ne peuvent pas compter sur le soutien économique de l'État et se tournent vers des financements publics locaux. Les mairies, les missions locales ou les régions subventionnent l'organisation d'événements sur le territoire, l'achat de matériel ou la création de lieux de pratique. En France, nous sommes en retard sur les usages éducatifs de l'esport, qui pourraient générer des revenus. Au Royaume-Uni ou en Suède, les jeux vidéo sont intégrés dans les temps périscolaires pour améliorer des compétences et capacités dans le champ des sciences, des technologies, de l'ingénierie, des arts et des mathématiques. Ici, on commence à peine à lancer des expérimentations semblables.

> « De nombreux annonceurs ont l'impression de ne pas obtenir le retour sur investissement espéré et se retirent du secteur. »

Les éditeurs gardent la propriété sur leurs jeux. Ils empochent donc la plus grande partie des revenus des événements.
On est dans un modèle en toile d'araignée, dans lequel l'éditeur se trouve au centre. Autour, gravitent les autres acteurs de l'écosystème, comme les joueurs, les clubs ou les diffuseurs des compétitions sur les plates-formes de streaming. Tous dépendent des éditeurs parce que ce sont eux qui organisent les événements compétitifs et qui gèrent entièrement leurs propriétés intellectuelles. Finalement, ce sont les éditeurs qui régulent et s'accaparent la valeur de l'esport.

À ce sujet, le fait que l'association France Esports, dont le but est le développement de la pratique, inclut les éditeurs dans les discussions est-il un avantage ou un inconvénient ?
Les deux. Les avantages sont d'avoir une communication directe avec le bureau national de l'éditeur et une structuration du secteur plus rapide en tenant compte des acteurs locaux. Par exemple, cela a permis la validation du Passeport talent pour les joueurs et coachs d'esport en France ou le déploiement du titre professionnel d'animateur esport. L'inconvénient, c'est que les éditeurs peuvent faire le choix de ne pas avancer sur un sujet si celui-ci n'est pas dans leur intérêt, quand bien même cela serait bénéfique pour l'ensemble du secteur. Notamment ils ne veulent pas que l'esport soit reconnu comme un sport, car cela impliquerait que les fédérations soient propriétaires du droit d'exploitation des compétitions. De manière générale, les prises de décision sont plus lentes en intégrant les éditeurs, car il faut attendre la validation de leur siège social. Et, en France, ce sont eux qui finissent par imposer leur vue.

L'Arabie saoudite a décidé d'investir le secteur en organisant cet été une Coupe du monde du jeu vidéo. Pourquoi cet intérêt soudain ?

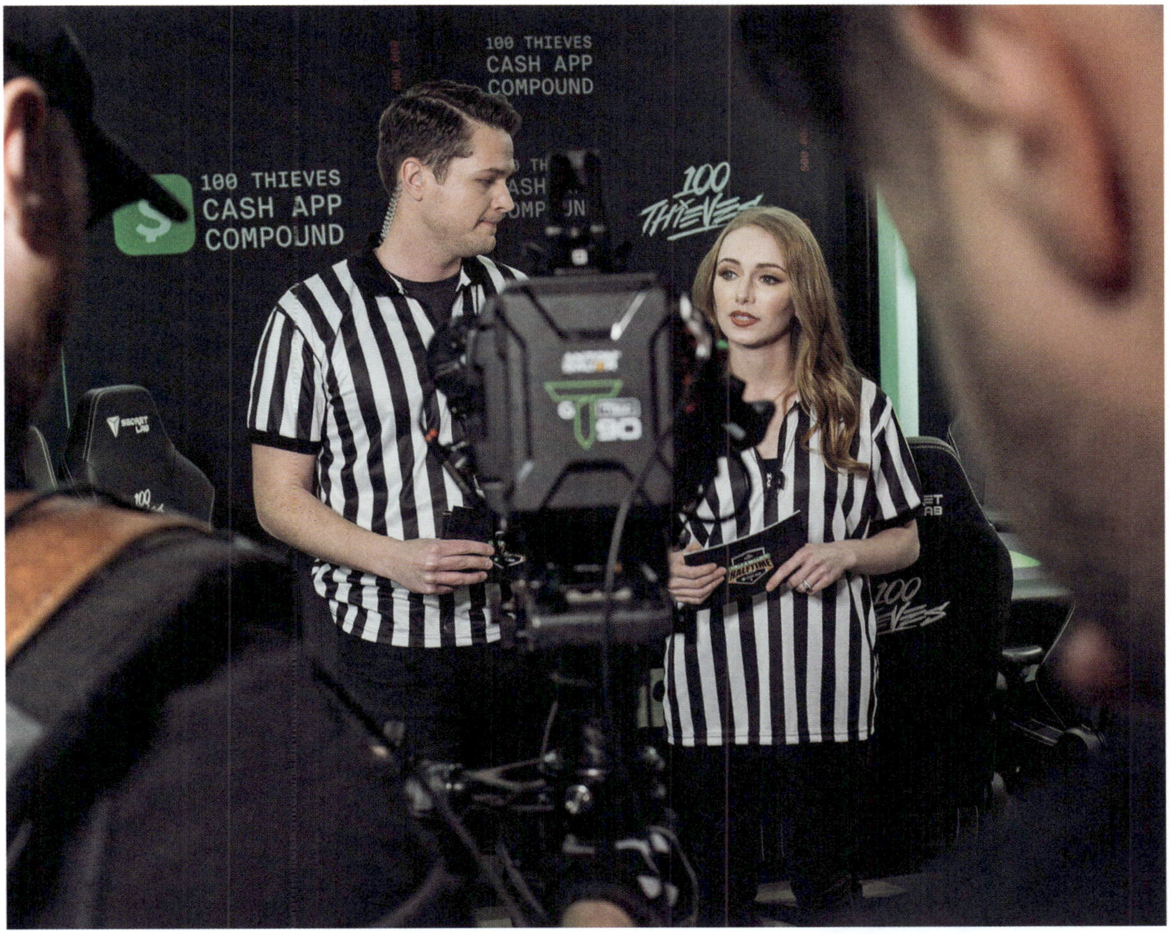

Présentateurs de compétitions d'esport durant l'événement 100 Thieves, à Culver City, Californie, en février 2020.

Depuis plusieurs années, le pays investit des millions d'euros dans l'esport pour redorer son image, qui est détériorée notamment sur le terrain des droits humains, et attirer des acteurs des nouvelles technologies. Cet intérêt n'est donc pas seulement économique, c'est aussi une forme de *soft power*. Comme les clubs recherchent des investissements pour continuer leurs activités, ils sautent sur l'occasion et font parfois fi des valeurs d'inclusion qu'ils prétendent véhiculer.

Le modèle économique esportif n'est pas encore stable, et pourtant cette pratique s'ancre dans la durée. Elle réunit des millions de fidèles. Comment voyez-vous son avenir ?
L'esport en tant que pratique compétitive va perdurer. Sa croissance est organique : les nouvelles générations grandissent avec cette discipline. En revanche, si on se concentre sur les acteurs du secteur, je suis plus pessimiste. La mainmise des éditeurs provoque une répartition inégale de la valeur. Les clubs rencontrent de grandes difficultés. Des structures apparaissent et disparaissent sans cesse. Parmi les dix grands clubs français, huit ont moins de cinq ans d'existence.
À long terme, le modèle économique actuel n'est pas viable pour ces acteurs. Il l'est seulement pour les éditeurs. Ce qui semble fonctionner pour l'instant, ce sont les clubs créés par des personnalités du jeu vidéo, car leur notoriété permet d'attirer une importante communauté. Mais est-ce que ce modèle fonctionnera encore dans dix ans ? Une partie des clubs sont voués à se réinventer assez rapidement.
Propos recueillis par Vincent Bresson

BILL MCCULLOUGH

LOS ANGELES

Ma caisse, ma bataille

Retaper une guimbarde à bout de souffle, abaisser ses suspensions, la customiser à l'extrême et, enfin, parader au volant : le « lowriding », né dans la communauté mexicano-américaine, est un hobby coûteux. C'est aussi un moyen d'expression et d'émancipation. Le photographe suisse **Mario Heller** est allé à la rencontre de Californiennes adeptes de cet art de vivre, longtemps réservé aux hommes.

Sandy

Aujourd'hui pratiqué dans tous les États-Unis, le *lowriding* est né ici, à Los Angeles. Aux lendemains de la Seconde Guerre mondiale, alors que l'Amérique s'équipe en voitures, les vétérans d'origine mexicaine mettent à profit la formation mécanique qu'ils ont reçue à l'armée. Pour se distinguer des bolides en vogue, ils réparent et personnalisent des voitures anciennes, moins chères. Et y apportent leur touche, avec des suspensions spéciales, permettant d'abaisser ou surélever le véhicule à volonté.

D'origine mexicaine par ses parents, Sandy Avila, 40 ans, s'est d'abord impliquée dans la création, en 2021, du club Blvd Riders. Elle y a initié des soirées entre filles, avant de fonder son propre club. Lady Lowrider, qui est 100 % féminin, se définit comme *« un lieu de sororité »* et de *« lutte contre les discriminations envers les femmes »* dans le milieu du *lowriding*. Toutes les filles photographiées par Mario Heller font partie de ce groupe.

Sandy a toujours baigné dans le milieu du *lowriding,* d'abord par l'intermédiaire de son père, puis de son mari, David. Grâce aux talents de mécano de ce dernier, elle a entièrement refait à son goût son Oldsmobile de 1984, qu'elle a baptisée « Simply Beautiful ». *« Pour les femmes qui ne s'y connaissent pas en mécanique, c'est un défi de trouver quelqu'un qui les aidera sans les arnaquer,* raconte-t-elle. *Mais c'est quand même de plus en plus facile pour nous d'évoluer dans le milieu. »* Pour sa plus grande fierté, « Simply Beautiful » est actuellement exposée au Petersen Automotive Museum de Los Angeles, un des plus importants musées de l'automobile au monde.

Tina

Tina L. Blankenship-Early est, elle aussi, une pionnière. À 56 ans, cette éboueuse de profession, native de South Los Angeles, a été en 2023 la première femme à figurer dans le National Lowrider Hall of Fame, un palmarès publié par *Lowrider Magazine,* qui distingue chaque année des personnalités de la discipline – parfois qualifiée de « sport ».
Tina a installé elle-même la conduite de carburant, les freins à disque ou encore les câbles électriques de « Game Killa », une Chevrolet Caprice de 1966. Cela lui a pris sept ans pour transformer ce qui n'était à l'origine qu'un châssis vide. Devenue la plus célèbre de ses voitures, « Game Killa » apparaît notamment dans *Straight Outta Compton,* un film de 2015 qui retrace l'histoire de NWA, célèbre groupe de hip-hop de la fin des années 1980. Le *lowriding,* qui connaît également un certain succès dans la communauté afro-américaine, a été popularisé dans les années 1990 par les clips de gangsta rap.

1966
CALIFORNIA
GAME KILLA
CHEVROLET

Crystal

À l'époque, en 2023, Crystal Dominguez vient de rejoindre le Lady Lowrider. Avant de devenir membre officielle du club, l'assistante de laboratoire âgée de 39 ans dispose de six mois pour démontrer son investissement. Enfant, elle a connu le *lowriding* grâce à ses deux frères. Quand l'un d'entre eux décède d'une overdose en 2021, Crystal se lance à son tour, et conçoit sa voiture comme un hommage. Son nouveau hobby fait office de thérapie. *« Cela prend beaucoup de temps et coûte cher,* raconte-t-elle. *Mais chaque penny investi en vaut la peine. Quand je conduis ma voiture, je me sens bien, j'oublie tout. J'adore parader. »* Indissociables de la culture du *lowriding,* les parades (*cruising*) sont l'occasion d'exhiber sa voiture, pour laquelle plusieurs dizaines de milliers de dollars ont généralement été dépensés.

BRUTUS
HIFONICS

Mary

Le coffre du *lowrider* de Mary Lopez renferme quatre pompes hydrauliques, qui permettent de rehausser le châssis de manière différenciée au niveau de chaque roue. Se déplacer sur trois roues (ci-dessous) est une figure typique du *lowriding*. *« Nous, les femmes, nous nous sommes toujours assises à côté de nos maris,* raconte la quadragénaire. *Maintenant, nous avons nos propres voitures. J'adore conduire la nuit en écoutant de la musique, je me sens libre ! »* Il y a dix ans, Mary a appris qu'elle était atteinte d'un cancer du rein. Sa Chevrolet Impala 1963 – offerte par son mari, lui aussi fan de *lowriding* – est devenue le symbole de sa lutte contre la maladie.

Jennifer

Pour Jennifer Paulino, 47 ans, le *lowriding* est avant tout un moyen d'expression. *« Il y a d'abord ma famille, et tout de suite après il y a ma voiture »*, affirme-t-elle. Les compliments des passants sur sa Chevrolet Chevelle de 1972 la rendent fière.

MONTEBELLO PLAZA
SHARKYS
BARBERSHOP
8AVA458

Monique

Longtemps associé à la criminalité, le *lowriding* est dans le viseur des autorités californiennes depuis la fin des années 1950. En 1982, une loi a même autorisé les communes de l'État à interdire les parades, jugées dangereuses pour la sécurité routière. Monique, 41 ans, se réjouit de leur légalisation depuis 2023, qui a notamment été obtenue grâce à l'implication des adeptes féminines. Malgré tout, les voitures modifiées demeurent officiellement illégales, pour des raisons environnementales. *« Nous allons encore devoir jouer au chat et à la souris avec la police »*, craint Monique.

La frime parfaite

Si le « lowriding » s'apparente à de l'art, il est aussi et avant tout affaire de technique. Radioscopie, en cinq commandements, d'un tuning pas comme les autres.

Aller toujours plus bas

Les premiers *lowriders* des années 1940 se sont inspirés des milieux criminels, autant dans leur style vestimentaire – avec la généralisation du *zoot suit* (lui-même inspiré des jazzmen de Harlem dans les années 1930) – que dans l'apparence de leur voiture. Les trafiquants de l'époque circulaient avec des coffres surchargés, d'où l'envie de reproduire cette silhouette basse : au début en lestant l'arrière de la voiture, puis plus tard en sciant ou en remplaçant les ressorts des suspensions.

Ne jamais manquer de ressort

Pour affronter les dos d'âne en tout sérénité, les *lowriders* ajoutent des cylindres hydrauliques aux ressorts des suspensions, ce qui permet de lever ou d'abaisser le véhicule à la demande. Fonctionnant grâce à des pompes logées dans le coffre, ce système est parfois démultiplié pour actionner chaque cylindre séparément, et ainsi réaliser des figures – comme la circulation sur trois roues ou le saut (*hopping*).

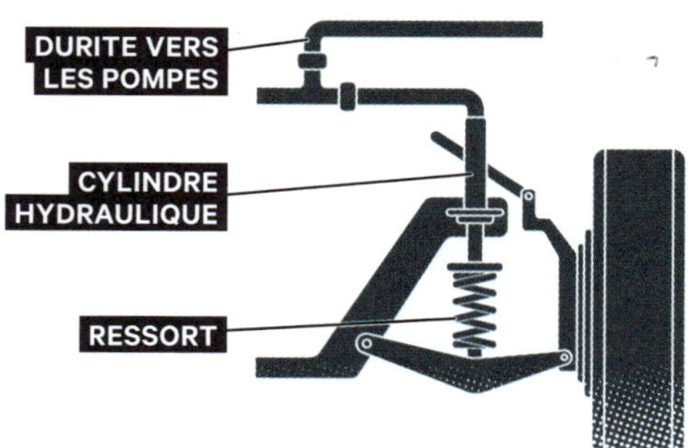

S'afficher

Il est d'usage de baptiser son *lowrider*, et de faire figurer son nom bien en évidence, soit sur la plaque, soit sur un des éléments de la carrosserie.

10 000 $

Lâcher la thune

Il faut débourser au minimum 10 000 dollars pour acheter une Chevrolet Impala à retaper. Dans les années 1970, on pouvait trouver des châssis vides pour 70 dollars.

Briller de mille feux

Les jantes dorées ou chromées, souvent plus petites que la taille standard, sont un must-have. Ce traitement est également courant pour le pare-choc et les fixations des phares. On peut retrouver ce côté brillant sur le capot, via des décors pailletés ou colorés, incrustés dans la peinture. Plus généralement, le bling-bling est de mise depuis les années 1970.

« Les lowriders dans le collimateur de la police »

Conservateur au Musée national d'histoire américaine, à Washington, et spécialiste de la culture latino, **STEPHEN VELASQUEZ** retrace la longue route du « lowriding » vers la reconnaissance.

Le Chicano Movement atteint son apogée dans les années 1960. Ici, près de Los Angeles en 1972, des militants des Brown Berets sont escortés hors d'une île qu'ils ont occupée.

XXI Quelle est l'origine du phénomène ?
Tout part de Los Angeles, après la Seconde Guerre mondiale. À cette époque, les vétérans mexicano-américains rejoignent les rangs des ouvriers travaillant dans les nombreuses usines de la ville. Ils habitent des quartiers éloignés des zones industrielles, et il leur faut des voitures pour se rendre à leur travail. Ayant peu de moyens, ils achètent de vieilles voitures. Le *lowriding* naît de leur envie d'affirmer leur identité, en se distinguant des bolides alors à la mode, qui leur sont inaccessibles : leurs voitures seront *« low and slow »*, basses et lentes. Dans les années 1950-60, la tendance se développe également dans la communauté afro-américaine, mais de façon plus marginale.

Comment le *lowriding* est-il perçu aux États-Unis ?
La population mexicano-américaine a toujours été marginalisée, et cette pratique l'est également dès ses débuts. Indissociables du *lowriding,* les parades – consistant à conduire lentement dans la ville pour voir et être vu – sont dans le collimateur de la police, qui prétexte les risques d'embouteillage pour pratiquer des arrestations. En 1982, une loi californienne donne la possibilité aux municipalités d'interdire les parades.
On peut voir ces mesures comme des moyens de garder le contrôle sur les Mexicano-Américains, alors que cette communauté, victime de racisme et criminalisée, monte en puissance à partir des années 1960 via le Chicano Movement.
L'entrée du *lowriding* dans la culture « officielle » est assez récente : cela fait une quinzaine d'années que les musées s'intéressent au phénomène, le rendant de fait plus acceptable.
Notre institution, le Musée national d'histoire américaine, a collecté des documents sur le sujet dès les années 1990. Les expositions de véhicules *lowriders* sont devenues une façon très populaire de mettre en valeur la culture latino.

En 1975, la chanson *Low Rider* atteint la septième place des ventes de singles aux États-Unis. Le groupe de funk War y dépeint le *lowriding* comme un style de vie cool.

Le lien entre le *lowriding* et les Mexicano-Américains est-il toujours aussi fort ?
L'essence de cette pratique a toujours été d'affirmer l'identité de cette communauté. Cela passe par de nombreuses célébrations, comme le jour des morts ou la fête de l'indépendance mexicaine, à l'occasion desquelles les *lowriders* sont systématiquement de sortie. La culture mexicano-américaine est complètement incorporée à cet art, via les portraits peints sur les carrosseries, les noms des voitures, les accessoires…
La majorité des clubs sont toujours liés à cette communauté. Selon les quartiers, ils sont plus ou moins ouverts à d'autres profils de population. Il y en a dans tous les États, et il en apparaît sans cesse de nouveaux.

Quelle est la place des femmes dans cette histoire ?
Elles ont toujours été présentes d'une façon ou d'une autre. Au sein des clubs, il y a souvent eu des *sisters clubs* réunissant les épouses, filles ou sœurs des *lowriders*. Les femmes ont toujours joué un rôle de soutien : en aidant à l'organisation des événements, en gérant les comptes… Mais dès les années 1960, des clubs entièrement féminins apparaissent. Aujourd'hui, on en compte de plus en plus, et c'est une bonne nouvelle. Toutefois, cela reste difficile pour elles de s'engager dans cet univers quand elles sont mères. On rencontre beaucoup de femmes jeunes ou alors des profils plus âgés. Le *lowriding* demande du temps !
Propos recueillis par Catherine de Coppet

EN COULISSES

Un milieu dominé par les hommes

C'est à force de jouer au jeu vidéo *GTA* [*Grand Theft Auto*, NDLR], dans lequel il y a des scènes de *lowriding,* que j'ai eu envie d'en savoir plus. En fouillant sur le Web, je suis tombé sur d'innombrables groupes Facebook de passionnés. J'ignorais que c'était un phénomène aussi important en Californie. Alors que j'étais à Los Angeles pour photographier un musicien, j'ai rencontré un homme qui m'a parlé du club de *lowriding* féminin Lady Lowrider. J'ai immédiatement su que je voulais travailler là-dessus, car je n'imaginais pas réaliser un énième sujet photo masculin…
J'ai été mis en contact avec Sandy Avila, qui a tout de suite été enthousiaste, et m'a permis de rencontrer d'autres femmes du club. Là-bas, ce n'est pas comme en Europe, les gens donnent facilement leur accord. Je ne suis pas particulièrement fan de voitures ; avec mes photos, j'ai surtout voulu montrer la passion de ces femmes, comment elles construisent leur vie autour du *lowriding*. Ce milieu reste dominé par les hommes, on le voit dans les nombreux événements organisés chaque week-end. Elles restent une minorité. Mais c'est une minorité très active.
Propos recueillis par C. C.

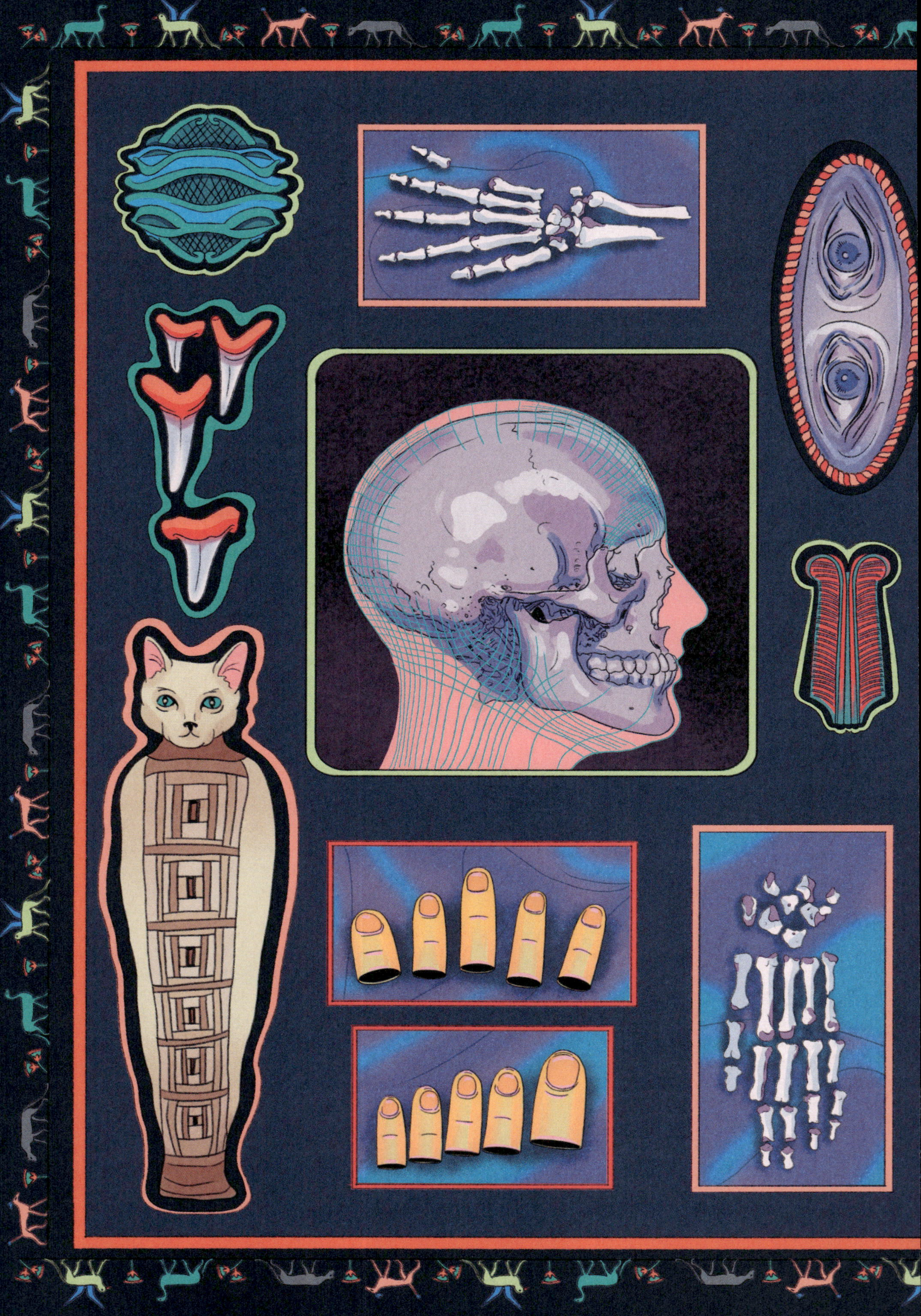

« Petite, j'avais une image glaciale de la mort »

Longtemps considérées comme des trésors à piller ou de simples objets d'exposition, les momies ont subi les outrages du temps et de l'homme. **Laure Cadot** consacre sa vie à restaurer, réparer, soigner ces êtres venus d'une autre époque. Elle raconte un quotidien où, souvent, affleurent les émotions.

Propos recueillis par Pauline Gabinari
Illustrations Adeline Schöne

C'était en octobre 2003, quelques mois après la canicule historique qui avait frappé la France. J'étais étudiante en restauration et le musée Fragonard de l'École vétérinaire de Maisons-Alfort m'avait demandé de venir pour une mission très particulière. Je garde de ce moment un souvenir étonnant, bizarre même. Il faut imaginer la configuration. Les salles du musée sont constituées de grandes vitrines en verre, encadrées de fines structures en métal, un peu comme des livres en 3D. J'avançais comme au fil des « pages » – salle d'anatomie comparée, salle des squelettes, salle dédiée aux maladies contagieuses – quand, soudain, je suis tombée sur les écorchés.

Ils étaient là, à la fin de la visite. Je me suis arrêtée, et je me suis dit : « *Mais qu'est-ce que c'est que ça ?* » Devant moi, des corps humains et d'animaux dont on avait enlevé la peau. Ils étaient couverts d'un vernis jaune et avaient de gros yeux en verre. Leurs membres étaient parcourus de peintures bleue et rouge, pour mettre en évidence leur système vasculaire. Ça donnait quelque chose de très fibreux, un peu comme de grands coraux qui se déploieraient dans un immense aquarium. Je n'avais jamais vu ça.

C'est pour eux que j'étais là. Il avait fait très chaud durant le printemps et l'été, et la matière que les anatomistes avaient injectée dans les veines à la fin du XVIIIe siècle – de la graisse, de la résine de mélèze et des pigments – s'était mise à fondre. Il ne s'agissait pas des premières coulures : cela fait deux siècles qu'à chaque pic de température, les écorchés fondent. Mais là, c'était particulièrement visible. Il fallait régler ce problème de conservation. J'avais 23 ans et j'ai eu alors le sentiment d'ouvrir la porte d'un monde complètement inconnu, et à la fois très attirant. J'ai commencé à m'informer sur les écorchés, à comprendre ce que sont réellement ces corps morts mis en scène. Je suis entrée dans un univers infini.

Je suis restauratrice de matériaux organiques désormais, c'est-à-dire de tout ce qui a été de près ou de loin vivant à un moment donné et qui ne l'est plus aujourd'hui. Cela peut être des objets (des tambours africains en peau, des coiffes de plumes…), mais aussi des restes humains ou animaux (des momies, des reliques de saints, des ossements inconnus, des mises en scène anatomiques – comme le sont les écorchés). J'aide les musées publics à les conserver. Souvent, ce n'est pas le temps qui les a dégradés mais des interventions passées, très intrusives : par exemple, certaines façons de présenter ou de disséquer les momies qui se pratiquaient encore dans les années 1980.

> **Soudain, je suis tombée sur les écorchés. Devant moi, des corps humains et d'animaux dont on avait enlevé la peau.**

Il n'existe pas de formation pour mon activité. J'ai étudié l'histoire de l'art et la muséologie à l'école du Louvre, puis la restauration et la conservation du patrimoine.

Mon point de départ, c'étaient les objets 3D, la sculpture, puis je me suis orientée vers l'organique, et y ai ajouté une spécialisation dans les restes humains. Mon métier, je l'ai un peu fabriqué. Nous sommes peu à l'exercer : en France, je suis l'une des rares spécialistes.

Je travaille en indépendante, je fais des devis et je me verse un salaire. Mon métier comprend une partie expertise et des projets de restauration dont le nombre est très aléatoire. Par exemple, il y a des années à momies et d'autres beaucoup moins. Ainsi, 2023 a été une bonne année : j'en ai étudié une petite vingtaine un peu partout en France. 2022 était différente : j'ai fait de la relique – ça change un peu ! –, mais aussi du cheval, du vautour et un chantier universitaire avec des caisses d'ossements.

Les bras n'étaient pas trop mal, mais la tête était désolidarisée du corps et les pieds se trouvaient dans un état dramatique.

Le nombre de pièces sur lesquelles je travaille dépend aussi de la taille du projet. En 2022, au musée de Picardie, à Amiens, cela a été un gros chantier : on était une équipe de neuf ou dix restaurateurs. On était trois à travailler sur une momie – deux collègues pour le textile tandis que je m'occupais des parties organiques. Les autres se concentraient sur le cercueil. Il s'agissait de travailler sur Setjaimengaou, une femme d'une quarantaine d'années qui aurait vécu il y a plus de 2 600 ans en Égypte. Elle avait été placée dans un sarcophage moderne avec une vitre, et une mystérieuse poudre blanche recouvrait son corps.

Le premier problème a été d'identifier cette substance. Nous soupçonnions qu'il s'agissait d'insecticides. Cette pièce est arrivée au musée en 1867 et, à l'époque, on les enduisait d'arsenic, de DDT ou d'autres substances dégueulasses pour éviter les contaminations. On s'est donc équipés comme il faut pour sortir le corps du cercueil et réaliser une étude. On a d'abord découvert que la poudre blanche était de la chaux, une matière que l'on appliquait sur les cadavres au XIXe siècle pour les déshydrater. Le procédé avait été plutôt efficace puisqu'il n'y avait pas de traces d'insectes ni de bactéries. Cette première étape a duré une semaine, le temps de sortir Setjaimengaou de sa boîte, de l'observer et de faire des radios. Cela nous a permis d'affiner le diagnostic et de mieux comprendre ses points de fragilité. On a ensuite beaucoup discuté pour définir un protocole d'intervention. Puis, on est passés à la deuxième phase, celle de la restauration.

La momie était assez disloquée. Dans mon souvenir, les bras n'étaient pas trop mal, mais la tête était désolidarisée du corps et les pieds se trouvaient dans un état dramatique. Le problème était cette espèce de vitrine-cercueil. Elle était trop petite et la paroi avait appuyé sur les pieds, les brisant complètement au niveau des chevilles. Il a donc fallu maintenir une partie des orteils, remettre à leur place ceux qui étaient tombés. Une collègue restauratrice en textile est

venue retravailler les bandelettes pour maintenir le tout, sans colle ni rien. C'était un défi car les pieds, c'est plus d'une vingtaine d'os ! On y a passé une dizaine de jours. Pendant toute la durée du traitement, les équipes de France 3 sont souvent venues au labo pour faire de courts reportages diffusés aux infos régionales. Il y avait une vraie attente des Amiénois, comme une sorte de phénomène d'appropriation, autour de Setjaimengaou.

Ce rapport affectueux que les gens ont avec les momies est toujours touchant pour moi. Souvent, quand je travaille sur certaines opérations, on vient me poser des questions. On me parle à cette occasion de proches disparus, ou de la mort en général. Il n'y a pas très longtemps, dans un hôpital, alors que je terminais le scanner de l'un de mes « patients », comme je les appelle, une manipulatrice m'a interpellée. Elle m'a dit : « *La momie m'a parlé.* » Je lui ai posé quelques questions. Elle m'a alors raconté son histoire personnelle, un passé assez douloureux, qui l'avait amenée à travailler sur les énergies et leur lien avec le domaine spirituel. « *J'ai senti une grande tristesse chez cette momie* », m'a-t-elle expliqué.

Quand les premières momies égyptiennes ont été découvertes au Moyen Âge, on en faisait des médicaments ou de l'engrais !

Cette discussion m'a beaucoup troublée. Quand j'avais travaillé sur cette momie les jours précédents, moi aussi j'avais ressenti une grande tristesse parce qu'elle était dans un état de dégradation important. Elle avait été extrêmement malmenée dans les musées, elle avait notamment subi une autopsie dans les années 1980, dans le cadre d'une thèse de médecine, au cours de laquelle on lui avait retiré une partie de ses bandelettes, ouvert l'abdomen et fait des prélèvements. Le tout avait été réparé tant bien que mal avec de la mousse d'isolation, ce qui n'est pas du tout approprié, et ça l'avait totalement saccagée. La voir comme ça m'avait fait beaucoup de peine.

Il y a quelque chose qui me frappe toujours quand je travaille sur des restes humains, c'est la manière dont les corps sont présentés. Je pense notamment à des momies sud-américaines conservées au musée de l'Homme. Dans le but d'être mises en scène, elles ont littéralement été embrochées sur une tige pour pouvoir tenir debout sur un socle. À cette époque, au XXe siècle, elles étaient considérées comme des objets d'exposition. Cela dit, ce n'était pas nouveau de les maltraiter. Quand les premières momies égyptiennes ont été découvertes au Moyen Âge, on en faisait des médicaments ou de l'engrais ! À partir de la Renaissance, on a commencé à ôter leurs bandelettes, pour chercher les trésors et les amulettes qui auraient pu s'y cacher. Plus tard, on les a exhibées car c'était le chic du chic d'avoir un bout de momie chez soi. Et puis, elles ont été oubliées.

Heureusement, dans les années 2000, le regard sur les restes humains a commencé à changer.

Je me souviens d'une momie à Fougères, en Ille-et-Vilaine. Comme le musée de la ville avait fermé dans les années 1950, on l'avait mise au grenier. Mais la mairie a eu besoin de ce grenier. Le personnel s'est alors dit : « *Momie = mort, mettons-la au cimetière.* » Pendant vingt ans, elle est restée dans un petit vide sanitaire attenant au local où les cercueils étaient déposés temporairement. Jusqu'à ce qu'un égyptologue local s'intéresse à elle et m'appelle. Mais il n'y avait toujours pas d'endroit pour nous accueillir. Alors je me suis retrouvée dans une pièce du cimetière entre le point d'eau pour les plantes et les arrosoirs. Avec les inhumations en fin de journée et les croque-morts qui passent une tête pour jeter un œil, je me demandais parfois ce que je faisais là. Heureusement, dans les années 2000, le regard sur les restes humains a changé. On a commencé à les considérer davantage comme des individus, on a retrouvé leur dimension humaine. C'est dans ce sillage que je me suis glissée.

Il y a cependant des corps sur lesquels je n'aime pas travailler. Par exemple, ceux d'enfants. Je trouve ça compliqué. À Châlons-en-Champagne, on m'a un jour confié un écorché à restaurer. La préparation anatomique réalisée sur le corps était très belle mais c'était une petite fille de 6 ans. La première fois que je l'ai vue, elle était couverte de poussière, dans une toute petite caisse qui était trop étroite pour elle, oubliée dans un coin depuis bien longtemps. Certains éléments étaient cassés. Quand on voit ça, le premier ressenti, c'est toujours de se dire : « *On va la sortir de là. L'état dans lequel elle est n'est pas digne.* » Puis, on passe une journée complète sur ce petit corps, et l'émotion arrive. On se dit : « *C'est une enfant, de quoi a-t-elle pu mourir ? Quelle a pu être sa vie ?* » C'est peut-être parce que je suis mère, mais je trouve qu'il y a toujours quelque chose d'injuste dans la mort d'un enfant.

Cette émotion, je la revendique. Elle fait partie de ma démarche. Je pars du principe que, si je ne me laisse pas aller à ce que je ressens, mon travail perd de son sens. Quand on met de la distance, on perd la conscience de la dimension humaine de notre métier. Je ne m'effondre pas à chaque placard que j'ouvre, mais c'est important pour moi de garder en tête que cet individu n'a jamais demandé à être là, qu'il a une histoire très chaotique, qu'on est allé le chercher dans son tombeau, qu'un scientifique s'est approprié son corps… Je pense que personne ne s'imagine finir dans un musée. Mon rôle est d'être toujours attentive à ce que je vais pouvoir apporter, d'être dans une posture de soin. Et, comme en médecine, il faut soigner sans surmédicaliser. Être capable de dire : « *Je suis désolée mais je ne peux plus rien faire.* » Accepter ses limites techniques pour ne pas faire plus de dégâts.

Nous, les restaurateurs, on est des passeurs finalement : on s'insère entre le passé et le futur. L'objectif de notre boulot est de mettre les objets en condition pour qu'ils puissent être transmis le plus longtemps possible. C'est pourquoi tout est long en restauration : on réfléchit beaucoup pour prendre la moins mauvaise décision. Quand ça va trop vite, en général, on fait des bêtises. Cela peut parfois durer des années ! Je pense que cette attention induit un rapport différent au temps, une posture de résistant dans un monde qui s'accélère.

Quand je rentre à la maison, mon fils de 8 ans me demande souvent : « *Maman, sur quoi tu as travaillé ?* » Alors, je lui parle, je lui explique. Je lui montre certaines photos. Ça casse un peu l'imaginaire, qui peut être angoissant et morbide. Je pense qu'il y a une éducation à la mort à transmettre, au même titre qu'il y a une éducation sexuelle ou au consentement. Le musée a un rôle à jouer là-dedans, car c'est le seul endroit dans lequel on voit encore des morts et, ceci, sans enjeu affectif : ce ne sont pas nos morts, nous ne les connaissons pas.

En ce sens aussi, mon métier m'a beaucoup apporté. Il m'a permis d'apprendre et de comprendre ce qu'est un corps sans vie. Cela m'a énormément apaisée. Petite, j'avais une image glaciale de la mort. Une fois, j'ai fondu en larmes parce que je ne voulais pas finir à la poubelle mangée par les vers. Ma vision était celle des cimetières de Normandie – ma région d'origine : le froid, la pluie, les caveaux avec de la mousse. J'avais une image dramatique du cadavre, je pensais beaucoup à la décomposition des corps. Mais cette vision fantasmagorique, c'était parce que je n'avais pas d'ancrage concret. J'étais rêveuse, je lisais beaucoup et mes représentations reposaient sur le récit collectif, celui des BD ou des films. Ça me fascinait et, en même temps, je trouvais ça très inquiétant.

Quand j'ai commencé à travailler là-dessus, j'avais 23 ans. J'en ai 43 aujourd'hui, j'ai eu deux enfants entre-temps. Je me vois vieillir et je n'en fais pas une source d'angoisse. En ce moment, je passe même de l'autre côté de la vitrine. Depuis septembre 2023, je suis en résidence à la Villa Médicis, une institution à Rome qui accompagne les artistes, mais aussi les historiens de l'art ou les restaurateurs, pour leur permettre de réfléchir à leur pratique et de créer. À la fin de ce pensionnat, nous montrons notre production. Dans ce cadre, j'ai décidé de faire le même parcours que mes momies. Je vais faire un scanner de mon crâne, ce qui me permettra d'en réaliser une impression 3D. Je la remanierai ensuite pour faire une patine et la présenter dans une vitrine. Qu'est-ce que cela engage que je sois à la fois vivante, restauratrice de restes humains, et restes humains en devenir ? Qu'est-ce que cela implique d'être à la vue de tous ces vivants ? Un crâne, ce n'est pas juste un assemblage d'os. C'est aussi une personne. Il faut se laisser aller à cette projection. »

Il y a une éducation à la mort à transmettre, comme il y a une éducation sexuelle ou au consentement.

BPLA

Le destin de Maung Saungkha a basculé, avec son pays, à l'aube du 1er février 2021. Ébranlée par un coup d'État, la Birmanie s'enfonce de nouveau dans la dictature. Le poète pacifiste, pour qui les mots ne suffisent plus, décide de lever une armée dans la jungle. Avec l'appui de guérilleros endurcis, le commandant galvanise vaille que vaille de jeunes urbains sans expérience de la guerre.

L'ARMÉE DU POÈTE

Par Guillaume Pajot
Illustration Julien Chausse
Photos Ta Mwe

Un monastère bouddhiste surgit du dédale de la nuit. « *On s'arrête ici !* », tonne le commandant Maung Saungkha, les yeux gonflés de fatigue. Les 4 x 4 coupent leurs phares, la lumière pourrait les trahir. L'aviation birmane rôde. Le convoi épuisé recrache ses passagers, des soldats de l'Armée de libération du peuple bamar (BPLA), enduits de sueur et de poussière. Ces gamins d'à peine 20 ans, portant des casques et des fusils d'assaut, brûlent l'ennui au bout de leurs fragiles cigarettes. Maung Saungkha, 31 ans, le poète qu'ils suivent aveuglément, décroche le pistolet Glock qui l'encombre à la ceinture. Ses hommes ont tendu son hamac entre deux piliers de bois. Le chef de guerre, un petit gabarit au regard sombre et malicieux, enroule son bedon dans la toile noire et se berce en fredonnant un air de pop birmane.

Le commandant fait halte dans un patelin de l'est de la Birmanie, au nord de l'État karen, une province de la taille de la Belgique où les combats contre la junte sont quotidiens. Il y a un mois, en mars 2024, la grande ville des environs, Hpapun, a été conquise par les troupes de Maung Saungkha et ses alliés de la guérilla karen, qui cherchent désormais à s'emparer des bases voisines. Au départ, la bataille semblait perdue : d'un côté, des insurgés fauchés, « *des terroristes* » selon le pouvoir birman, terrés dans la jungle et sans expérience du feu ; de l'autre, une armée d'État, disposant d'avions de combat, soutenue par la Russie et la Chine. Mais le vent a tourné. Hpapun et des dizaines de villes sont tombées aux mains de la résistance, qui affirme contrôler plus de la moitié du territoire birman. Pour se venger, la junte bombarde les civils, soupçonnés de soutenir les groupes armés. Un mois plus tôt, elle a détruit un monastère hébergeant des réfugiés. L'attaque a fait huit morts et une quinzaine de blessés. « *Ne t'inquiète pas, il ne se passera rien* », me glisse Maung Saungkha. Je l'entends soudain ronfler. Au réveil, l'aube est grise et poisseuse. La nuit a été hachée de bruits sourds, des frappes de drones, à une dizaine de kilomètres. Joie matinale du commandant : « *C'étaient nos bombes ! Leurs dernières bases ne tiendront pas longtemps.* »

Il n'avait jamais porté d'arme

Je peine à reconnaître le pacifiste acharné, de toutes les manifestations contre les conflits, que j'ai plusieurs fois interviewé. Trois ans plus tôt, Maung Saungkha se foutait des drones et des stratégies militaires. Il n'avait jamais porté une arme. C'était un poète à l'aura immense, dans un pays où l'art de façonner des rimes fait trembler les puissants. La poésie joue un rôle politique en Birmanie, au moins depuis la lutte pour l'indépendance, à la fin du XIXe siècle, quand les pamphlets contre les colons britanniques circulaient sous le manteau. Maung Saungkha est l'auteur de plusieurs recueils dont le plus célèbre, *Souffrances cachées* (aucun de ses livres n'a été traduit en français), a été écrit en prison. Les Birmans aiment son style débridé mêlant la politique, l'art, Van Gogh ou Cat Power, à des blagues potaches et des histoires de sexe.

Personne dans ce monde
N'échappe à la souffrance
Je veux pisser sur la souffrance
Le truc c'est que
Ma pisse rate toujours sa cible

Ces temps-ci, le poète sèche. Il n'écrit presque plus. « *Je suis trop occupé, mentalement et physiquement, je n'ai même pas le temps de me faire un film sur Netflix* », soupire-t-il en malaxant un citron vert. La boule antistress finira dans une eau chaude pour faire baisser cette hypertension qui l'inquiète. Son humour s'est émoussé. On entend moins son rire, un gloussement enfantin. Il dit qu'il dort trop peu. La tristesse mord, la lassitude aussi, mais ses hommes n'en savent rien : « *Je dois les guider, je me contrôle.* » Déjà trois ans que la guerre l'a avalé.

Maung Saungkha, le fondateur de l'Armée de libération du peuple bamar (BPLA), vit caché dans la jungle de l'État karen. Depuis son campement, il pose pour le photographe birman Ta Mwe, qui documente la résistance à la junte militaire depuis le coup d'État de 2021.

Son existence et le destin de la Birmanie ont basculé ensemble, dans la nuit du 1er février 2021, lorsque l'armée renverse le gouvernement d'Aung San Suu Kyi. Ancienne dissidente et Prix Nobel de la paix, la conseillère d'État – son titre officiel – est jetée en prison avec des dizaines de politiciens, d'activistes et d'artistes. Le coup de force du général Min Aung Hlaing met fin à dix années de transition vers la démocratie, durant lesquelles la population birmane, estimée à 54 millions, a connu des élections libres, la fin de la censure et une ouverture économique. Partout, des centaines de milliers de manifestants réclament le départ des militaires, mais leurs cortèges pacifiques sont dispersés à balles réelles. Retour brutal en dictature.

La tristesse mord, mais ses hommes n'en savent rien : « Je dois les guider, je me contrôle. »

Afin de poursuivre la lutte, de nombreux jeunes rejoignent les minorités ethniques qui, dans les régions frontalières, affrontent le gouvernement central depuis plus d'un demi-siècle. Ces communautés hébergent les fuyards et les entraînent pour combattre la junte, devenue l'ennemi commun. Maung Saungkha trouve refuge auprès des soldats de l'Armée karen de libération nationale (KNLA), la guérilla la plus ancienne au monde, née dans l'est du pays en 1948, peu après l'indépendance. Avec leur soutien, le poète donne naissance à son propre groupe, l'Armée de libération du peuple bamar (BPLA), inspiré par ses modèles, Mao Zedong et Che Guevara. Au combat, ses troupes jouent les renforts, elles n'agissent jamais seules. « *Nous sommes un peu le bébé de la KNLA* », s'amuse le trentenaire.

Apprécié de la majorité bamar – qui représente les deux tiers de la population birmane et dont il est issu – comme des minorités ethniques, Maung Saungkha est l'une des rares figures capables d'unir ces deux mondes qui se déchirent depuis la fondation du pays. « *Notre réussite ne se mesure pas au nombre d'avant-postes qu'on prend ou de soldats de la junte qu'on tue, mais à notre capacité à tisser cette confiance* », souligne l'influent commandant. Lui se bat pour instaurer un État fédéral et démocratique, débarrassé de l'emprise des militaires. Une nouvelle Birmanie, affirme-t-il.

Pour rejoindre son campement – dont la localisation est tenue secrète –, il faut franchir clandestinement la frontière avec la Thaïlande, remonter les flots boueux du fleuve Salouen et débarquer à l'ouest, dans l'État karen, puis franchir des rivières et traverser des hameaux vidés par la guerre, dressés sur les collines comme autant de sépultures, en contournant soigneusement les positions de l'armée birmane. Juché sur un pick-up, l'air cool derrière ses Ray-Ban, Maung Saungkha joue les guides, distribuant des casquettes neuves et des boissons énergisantes au goût de sirop contre la toux. « *Je te montrerai tout* », avait-il promis dans un message envoyé quelques mois plus tôt.

Une table de bambou pour QG

Après la nuit passée au monastère, la route se perd dans une vallée épouvantable, où l'on croise coteaux écroulés, monticules de pierre et trous béants. Le sol semble avoir été labouré par les mains d'un géant en colère. En réalité, l'appétit vorace des chercheurs d'or. Quand le convoi passe,

Pour rejoindre le poète, ces nouvelles recrues ont traversé clandestinement la Birmanie, jalonnée de checkpoints de la junte, prenant souvent d'énormes risques. Leur formation s'étale sur trois mois. Les futurs soldats ont creusé eux-mêmes leur terrain d'exercice.

les mineurs lèvent à peine la tête, le festin continue, cette guerre ne les concerne pas. À leurs pieds coule une rivière gorgée de mercure ou d'arsenic. Le filet d'eau empoisonné a les couleurs de l'arc-en-ciel. Le camp du poète a poussé tout près, sur des rizières abandonnées. Un prêt de la guérilla karen. Durant la mousson, la brume dissimule les huttes et leurs bunkers de terre sous son manteau duveteux.

Le quartier général où le commandant passe l'essentiel de ses journées, plié devant son ordinateur Dell, se résume à une table de bambou nappée d'une toile cirée. Derrière lui, un tableau blanc avec l'emploi du temps et des maximes de son cru. Cette semaine : *« Si tu fais ce en quoi tu crois, inutile de blâmer ceux qui ne participent pas. »* L'œil brillant de fierté, il étale devant moi ce qu'il a ramené de Hpapun, après la déroute des militaires. Des batteries radio et un brouilleur de fréquence. Cinq cahiers d'écolier griffonnés au stylo, *« avec toute leur stratégie »*. La pièce maîtresse : un carnet du renseignement birman, qu'il me laisse feuilleter. On y trouve les noms d'espions de la junte, leurs visages, et même leurs adresses e-mail. Le poète retrouve son rire tonitruant : *« Il faut vraiment être un vieux schnock pour imprimer un truc pareil ! »* Il peut se réjouir. Des succès militaires, Maung Saungkha en connaît dans l'État karen, mais aussi plus au nord, dans l'État shan. Le stratège a réussi à placer une partie de ses troupes aux côtés d'une puissante alliance de groupes armés. Le 27 octobre 2023, leur offensive commune, baptisée « Opération 1027 », le long de la frontière chinoise, a chassé la junte de la région et fait basculer le conflit en faveur de la résistance.

Des étudiants, des rappeurs, des ingénieurs : les soldats sont tout sauf des guerriers.

Un étranger dans les collines

L'armée du poète compterait un millier de soldats, ce qui en fait l'un des groupes les plus importants nés après le coup d'État. Ce sont pour la plupart de jeunes urbains ayant quitté leur lit douillet et leur famille pour la malaria, les scorpions, la vie de jungle. Tout sauf des guerriers : des étudiants en russe ou coréen, des rappeurs, des ingénieurs, des dessinateurs, un tatoueur… D'autres poètes aussi. Lynn Htike, 23 ans, avait croisé Maung Saungkha lors d'un festival littéraire. *« J'aimais bien ses poèmes »*, raconte ce soldat timide, blessé à la jambe par un tir de mortier. Mais, plus que sa poésie, c'est le projet politique du chef qui l'a convaincu : fonder enfin un groupe armé pour les Bamars, l'ethnie majoritaire bouddhiste. L'objectif n'était pas tant de défendre leurs droits – ils accaparent le pouvoir depuis des décennies – que de les libérer, eux aussi, du joug des militaires. La junte recrute ses cadres chez les Bamars et, au nom d'une prétendue supériorité de cette ethnie sur les autres, massacre, viole et pille les minorités. *« C'est notre responsabilité, d'éradiquer ce système abject,* plaide Maung Saungkha. *On ne peut pas laisser les autres ethnies faire le travail à notre place. »*

Le poète sait qu'il reste un locataire, un étranger dans les collines. Un jour, un gradé des forces karens lui a glissé : *« Pour devenir chef d'un village, il faut y détenir une maison. »* La formule l'a piqué. Il se verrait bien quitter la jungle et conquérir un morceau de territoire dans le centre du pays, le fief de l'ethnie bamar. Là-bas, entre les bras du fleuve Irrawaddy, la terre est plate, rouge comme le sang. Maung Saungkha la

L'entraînement se déroule sous un soleil de plomb. Ce jour-là, une quinzaine de jeunes ont perdu connaissance. Un formateur retire leur uniforme pour les rafraîchir et tente de les réveiller en criant leur nom. Au sein de la résistance, l'Armée de libération du peuple bamar est réputée pour sa discipline et ses entraînements particulièrement difficiles.

connaît parfaitement. C'est là qu'il est né le 5 janvier 1993.

Installés près de Bagan, cité ancienne aux milliers de temples, ses parents ont longtemps tenu un salon de thé. Une institution où les hommes, recroquevillés sur des tabourets de plastique, refont le monde en grillant des cheroots, cigares puants et bon marché. Au début des années 1990, la Birmanie étouffe sous la botte du dictateur Than Shwe, un général superstitieux. Pas de voiture ni de goudron dans les campagnes, où l'existence repose sur les épaules noueuses des buffles. Les précieuses bêtes font tout, retournent les champs, tirent des chariots. « *Manger du bœuf, personne n'osait. C'était comme manger un membre de notre famille* », se souvient Maung Saungkha.

Le père voit grand pour ses quatre fils, surtout le dernier, un peu rêveur, qui publie déjà de la poésie dans des gazettes locales. L'enfant a 13 ans quand sa famille déménage à Rangoun – capitale déchue depuis que Than Shwe a préféré Naypyidaw, en 2005, sur les conseils d'un astrologue. Mais la ville grouillante reste le cœur battant de la Birmanie, un choc pour le jeune campagnard, inscrit en fac de chimie industrielle. La littérature lui est passée sous le nez. Dans le système éducatif birman, seuls les meilleurs choisissent leur orientation, les autres se contentent des miettes. L'étudiant admire Aung San Suu Kyi, rivale inflexible des militaires, assignée à résidence, et milite dans la branche jeunesse de son parti, la Ligue nationale pour la démocratie. En 2012, la dissidente, libérée deux ans plus tôt, parvient à décrocher un siège au Parlement. Maung Saungkha, lui, trouve des lecteurs sur Facebook. Dans la soirée du 8 octobre 2015, le jeune homme de 22 ans publie un nouveau poème intitulé *Image*.

Sur ma virilité est tatoué
Un portrait de M. le Président
Ma bien-aimée l'a découvert
Après notre mariage
Elle était dégoûtée
Inconsolable

Son trait d'humour déclenche une tempête nationale. Un policier porte plainte contre lui au nom du président bafoué, Thein Sein, ancien général et successeur de Than Shwe, en invoquant l'article 66(d) de la loi sur les télécommunications. Critiqué par les défenseurs des droits humains, ce texte rend la diffamation passible de prison. Après une courte fuite durant laquelle, sur Facebook encore, le suspect poursuit ses provocations (« *Vous pouvez arrêter les poètes / Pas les poèmes / Jamais* »), Maung Saungkha passe en procès. Des semaines absurdes. Il a beau démentir, tout le monde lui demande s'il a vraiment le pénis tatoué. Il écope de six mois à Insein, cachot vétuste de Rangoun où s'entassent les détenus d'opinion. « *Les surveillants nous craignaient parce qu'on pouvait foutre le bordel,* raconte le poète en riant. *J'ai passé un moment sympa, j'ai eu le temps de réfléchir dans ma cellule. J'ai lu 200 livres !* »

Une fois dehors, l'ancien détenu fonde son association, Athan (« voix », en birman), pour défendre la liberté d'expression. Coiffé d'un bandana « *I love peace* », il organise des rassemblements dénonçant les exactions de l'armée contre les minorités ethniques. En 2016, après des législatives historiques, Aung San Suu Kyi accède enfin au gouvernement. Mais l'espoir est éphémère. L'année suivante, l'ancienne opposante défend les militaires accusés de mener un génocide à l'encontre de la minorité musulmane des Rohingyas. En 2018, elle incrimine deux journalistes de l'agence Reuters, condamnés à sept ans de prison pour avoir enquêté sur un massacre commis par l'armée. En partageant le pouvoir avec les militaires, la Prix Nobel de la paix semble s'être accommodée de leurs méfaits. « *Elle m'a brisé le cœur* », résume le poète, qui claque la porte de son parti. En 2020, l'agitateur se fait à nouveau remarquer en déployant une banderole au centre de Rangoun, pour dénoncer la coupure de l'accès à Internet dans

En attendant d'être envoyés au front, les soldats passent le temps comme ils le peuvent. Same Thit, 20 ans, est plongé dans un ouvrage sur la résistance chinoise face à l'invasion du Japon lors de la Seconde Guerre mondiale. Il a emprunté ce livre à la bibliothèque du camp.

une province de l'ouest, où les militaires affrontent un groupe rebelle, l'Armée de l'Arakan. Cette fois, il évite la prison en payant une amende. La pandémie met l'économie birmane à genoux. Pour gagner sa vie, Maung Saungkha monte un camping et loue des tentes en bord de route.

Le jour du coup d'État, au petit matin, deux soldats accompagnés de policiers fouillent le camping pour l'arrêter, mais ne trouvent que le gardien. Maung Saungkha dort chez sa copine de l'époque : *« Un coup de chance, aucun client n'avait réservé. »* Visé par un mandat d'arrêt, il réapparaît dans les cortèges anti-junte, insaisissable, galvanisant la foule avec son haut-parleur. K Za Win, un poète de 39 ans, mène la fronde à Monywa, dans la région de Sagaing. *« C'est mon frère »*, dit Maung Saungkha, qui a du mal à en parler au passé. Lors d'une manifestation, le 3 mars 2021, son ami est abattu d'une balle dans la tête. L'un de ses poèmes avait parfaitement cerné les militaires :

Ils aiment leur pays
Comme ils aiment extraire
la chair d'une noix de coco
Pour se réserver le jus
Ils sont comme ça

Sur une vidéo, on voit deux policiers traîner le cadavre de K Za Win dans la rue, raclant le bitume maculé de sang, avant de le jeter dans un fourgon.
Ils sont comme ça.

Au début, ils ne sont que seize. Dans leurs poches, quelques milliers de kyats. Un seul fusil.

Cinq jours plus tard, Zaw Myat Lynn, membre apprécié de la Ligue nationale pour la démocratie, directeur d'une école où Maung Saungkha donnait des cours, est massacré en détention. Sa peau a fondu, sa langue aussi. Dans sa bouche, les militaires ont versé de l'acide ou un liquide bouillant. Le poète a vu des photos du défunt : *« Son visage ressemblait à celui d'un zombie. »*
Ils sont comme ça.

La lutte pacifique est une impasse, se dit Maung Saungkha. Si je reste, je serai le prochain. Des Karens lui annoncent qu'ils sont prêts à l'accueillir. Une idée germe, qu'il partage sur Facebook : *« Vous ne comprenez pas qu'il faut contre-attaquer ? Vous pouvez dégainer cent épées, vous ne pourrez rien contre une armée aussi bien équipée. Si vous voulez combattre les flingues par les flingues, contactez-moi. »* Le message suscite des commentaires moqueurs. Même son père doute de lui. *« Papa, je ne fais pas ça pour le show*, insiste le fils au téléphone. *Je vais aller au bout. »*

Talents de négociateur

Au début, ils ne sont que seize à le rejoindre. Dans leurs poches, quelques milliers de kyats (une poignée d'euros). Un seul fusil. Mais la réputation de Maung Saungkha et ses talents de négociateur font le reste. En discutant sur Zoom, il parvient à convaincre l'Armée de l'Arakan d'envoyer des émissaires pour former son équipe au combat. Le groupe rebelle de l'ouest n'a jamais oublié que Maung Saungkha a été l'un des rares Bamars à plaider pour leurs droits, notamment en 2020, quand leur province, privée d'Internet, fut coupée du monde pendant dix-neuf mois. En avril 2021, le poète, méconnaissable, délesté de ses cheveux longs et de quinze kilos – repris depuis –, crée l'Armée de libération du peuple bamar. Les premières batailles sont rudes, et les morts enterrés en hâte, là où ils sont tombés. Les survivants s'obstinent. Sai Min, 21 ans, porte des bidons d'eau à travers le campement. Ce garçon aimable et joufflu boîte salement, mais ne rechigne à rien.

Deux fois par jour, Sai Min transporte des bidons d'eau à travers le campement.
Cet ancien étudiant de 21 ans a été amputé d'une jambe après avoir marché sur une mine.
Malgré sa blessure, il espère retourner se battre.

Un jeudi de février 2022, il a lancé à Maung Saungkha, dans un accès de bravoure : « *Je passe devant toi.* » Sa jambe droite a été arrachée par une mine. Son chef, ému, l'a porté dans ses bras. « *Pour la première fois, je voyais ses larmes,* s'étonne encore Sai Min. *Il pleurait, il pleurait pour moi.* » Sai Min ne veut pas donner son véritable nom. Sa famille ne sait pas qu'il est infirme, il n'a jamais osé leur dire.

À l'heure du déjeuner arrivent des assiettes froides. Du riz collant, du poisson sec, cuit et recuit, que Maung Saungkha renifle, « *pour voir s'il est encore frais* ». Les repas sont chiches, la jungle avare. « *L'an dernier, on a essayé de faire pousser du chou, des haricots et des concombres, mais ça n'a rien donné, alors on achète des boîtes* », regrette Htet Wai Lynn, 23 ans, qui veille sur trois étagères d'une bibliothèque où les poèmes du chef voisinent avec *L'Odyssée* d'Homère et *Le Deuxième Sexe* de Simone de Beauvoir. Ce fil de fer aux bras tatoués écrit une newsletter mensuelle qu'il distribue dans le camp. Le soir, il donne des cours sur l'égalité hommes-femmes, le fédéralisme, le droit international… Maung Saungkha aime les têtes bien pleines.

Le groupe ne possède que quelques motos déglinguées et deux voitures, dont l'une est en panne. La guerre rend humble.

Dans la clairière qui sert de terrain d'entraînement, les dernières recrues, de grands enfants à la peau grasse et au crâne rasé, se tiennent raides comme des poignards. Battus par le soleil, ils grimacent et transpirent ce qui leur reste d'innocence. Depuis que la junte a déclaré le service militaire obligatoire en février 2024, les futurs conscrits affluent vers le poète. Plus de 2 000 candidats l'ont contacté. Après une sélection drastique, il n'en a retenu que 250, dont une vingtaine de femmes. Impossible d'en recruter plus : chaque soldat est une bouche à nourrir, un bras à armer, et les moyens sont limités. Grâce à des dons, venant principalement de la diaspora birmane, Maung Saungkha encaisse chaque mois 50 millions de kyats (alors environ 9 000 euros). Il vend aussi des t-shirts siglés « *BPLA* », ainsi que ses recueils de poésie, même s'il n'arrive plus à les faire réimprimer. « *Ce n'est pas suffisant,* dit-il. *On dépense toujours plus.* » Les armes arrivent au compte-goutte de l'État shan. Le groupe possède seulement quelques motos déglinguées et deux voitures, dont l'une est en panne depuis une date indéterminée. La réalité de la guerre rend humble. Pour aller au front, les Karens passent chercher les troupes de Maung Saungkha comme un car de ramassage scolaire.

Directs à l'estomac

L'entraînement des recrues dure trois mois. « *Tiens-toi droit ! Ton uniforme est sale !* », hurle une petite femme à la voix grave appelée Thuta. Elle frappe la poitrine de sa victime en soulevant un nuage de poussière. « *Ils n'ont pas le niveau,* râle la formatrice. *Bon, ça va venir, ce n'est que leur deuxième jour.* » Son collègue envoie des directs à l'estomac. Les punching-balls ne bronchent pas. Interdiction de se plaindre, de flancher, de boire et de manger, et même de parler, sauf si l'instructeur en donne l'ordre. « *Nous ne pratiquons pas la démocratie,* reconnaît

La salle de classe fait office de cantine. Le déjeuner des recrues dure à peine cinq minutes, parfois moins. Chaque repas est précédé d'un serment. Les soldats se lèvent, remercient le peuple birman pour la nourriture offerte et lui jurent fidélité et protection.

Maung Saungkha. *Je crois toujours aux droits de l'homme, mais nous sommes une armée, cela nécessite de la discipline et des sacrifices.* »

Des cris s'échappent de la petite infirmerie. Derrière le terrain d'entraînement, la guerre a déjà commencé. Des corps tordus tapissent le sol. Une soignante à lunettes, à bout de souffle, jongle entre les perfusions de glucose et les tentatives de réanimation de recrues démolies par la chaleur et par l'effort. Une fille convulse avec des gémissements atroces, une canule en plastique enfoncée dans la gorge. Trois jeunes sont finalement hissés dans la seule voiture en état de marche et évacués vers un hôpital. Les autres se demandent ce qui les attend. Maung Saungkha hausse les épaules: « *Demain, les exercices seront faits à l'ombre.* »

Un silence attentif s'installe. Depuis la terre ferme, l'avion de la junte ressemble à un jouet.

Le poète a d'autres préoccupations. Ce soir-là, il reçoit Sayar John, un invité important. Sa barbe embroussaillée, son torse osseux et ses colliers coulant jusqu'au nombril lui donnent des airs de naufragé. La jungle n'est pas son milieu naturel. Sayar John arrive de Rangoun, où il dirige une unité dite de « guérilla urbaine », qui assassine, au nom de la résistance, des militaires, des fonctionnaires, des hommes d'affaires proches de la junte et des informateurs supposés. Un joyeux boucan agite le quartier général. On trinque à la bière chaude, on fume, on s'amuse. Si Sayar John a fait ce long voyage depuis la capitale économique, c'est pour se procurer des armes.

Les assassinats sont une pratique controversée au sein de la résistance. « *Il y a des dommages collatéraux* », reconnaît Maung Saungkha. La mère d'un de ses amis a été tuée par un commando. Elle se promenait au bras de son frère, un militaire à la retraite; les tireurs l'ont prise pour sa femme. Une nuit noire enveloppe le campement. On amène les boissons à la lampe torche. Soudain, la tablée se lève comme un seul homme, regard braqué vers les étoiles. Qui l'a entendu le premier? Un avion de la junte vole au-dessus de nous. Un Harbin Y-12 chinois, conçu pour le transport, mais détourné pour tuer. « *Ils balancent leurs bombes par la portière* », m'a prévenu Saungkha. Un silence attentif s'installe. Depuis la terre ferme, l'engin mortel ressemble à un jouet.

Le dîner a été fructueux pour Sayar John, qui repart avec un fusil à pompe Panzer, « *très efficace à courte distance* », et 257 cartouches. Le poète n'a pas voulu qu'il paie. « *C'est un cadeau?* », je demande. « *Un investissement plutôt,* réplique le commandant. *Tu ne sais jamais quand tu auras besoin d'aide.* »

Le lendemain, Maung Saungkha me réveille à 4 heures du matin. Alors que je quitte le camp, il a une idée derrière la tête. Il se penche vers le chauffeur: « *Passe par Hpapun. Montre-lui la victoire.* » Quelques heures plus tard, la ville conquise par la résistance il y a un mois apparaît au bout d'un pont recouvert de gravats. Dans les rues désertes, le chauffeur accélère, front collé contre le pare-brise, un œil vers le ciel et ses avions meurtriers. Moteur éteint, on entendrait les oiseaux, s'ils avaient le cœur à chanter. La junte s'est acharnée, bombardant des boutiques, des jardins, de grandes maisons réduites à des confettis de béton. J'aperçois une ambulance aux vitres brisées. Un vélo d'enfant couché sur le trottoir. Le poète parlait d'une victoire, mais seule la peur habite cette ville damnée. La nouvelle Birmanie pousse sur des ruines. Jamais la junte ne lâchera les rênes du pays sans le détruire.

Depuis son quartier général, Maung Saungkha se coordonne avec d'autres groupes armés pour attaquer la junte. Internet fonctionne pendant quelques heures en soirée grâce à un accès satellite. La saison des pluies commence, les routes de terre seront bientôt impraticables. Le commandant ne quittera plus le camp avant de longues semaines.

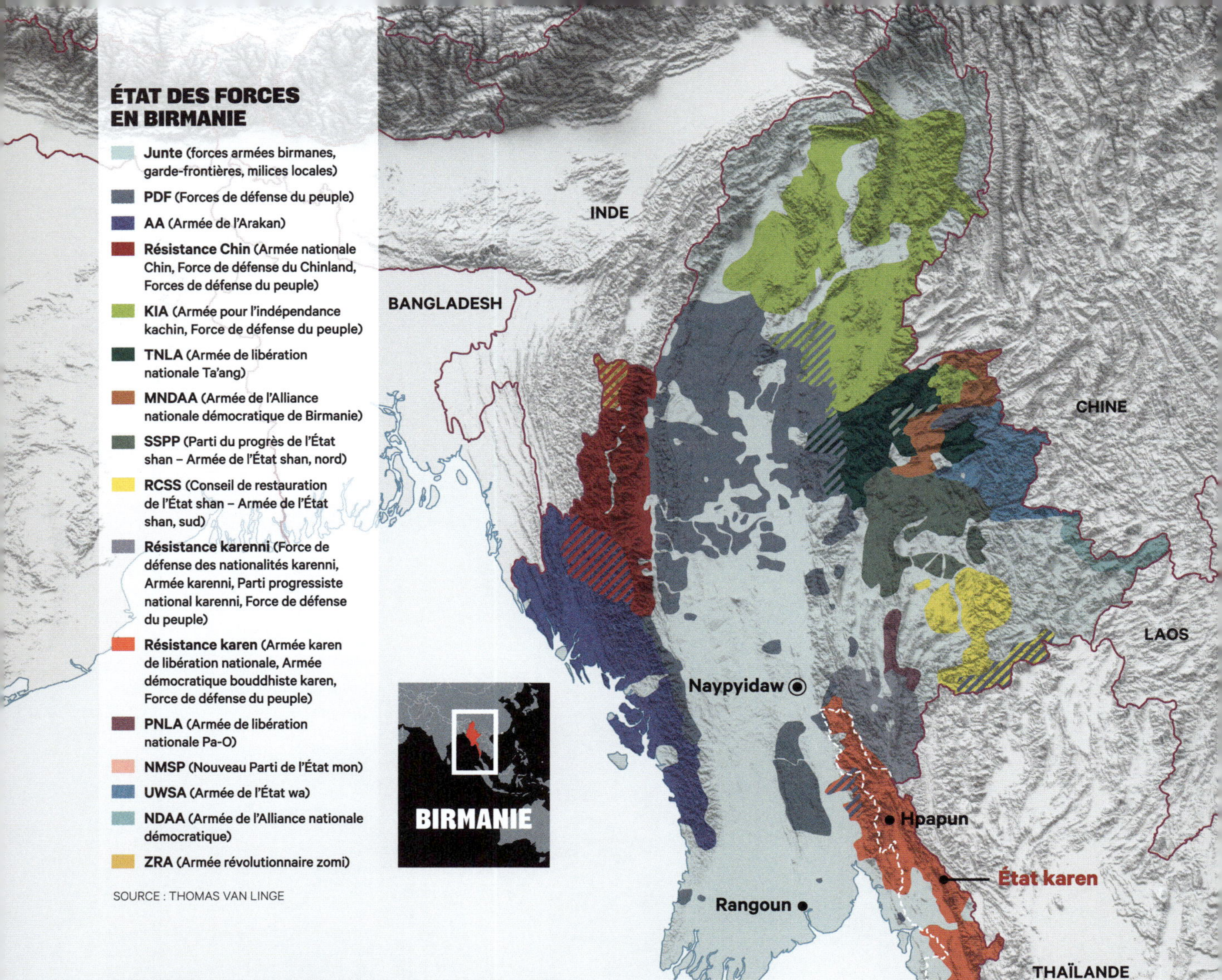

Un pays fragmenté et meurtri

En prenant le pouvoir par la force le 1er février 2021, le général Min Aung Hlaing, chef de l'armée, a précipité la Birmanie dans la guerre, et donné naissance à une féroce résistance. Dans les régions frontalières, les guérillas des minorités ethniques, avides d'autonomie et défiant les gouvernements depuis l'indépendance en 1948, ont accueilli les jeunes gens qui souhaitaient combattre la nouvelle junte. Ces derniers ont formé les Forces de défense du peuple, chapeautées par le Gouvernement d'unité nationale (NUG), la structure qui tente de fédérer l'opposition, mais aussi des armées indépendantes comme celle de Maung Saungkha. Très fragmenté, le pays compte aujourd'hui plusieurs centaines de groupes anti-junte.

En octobre 2023, une offensive conjointe dans le nord-est, près de la frontière chinoise, a donné un avantage décisif à la résistance. Celle-ci revendique aujourd'hui le contrôle de plus de la moitié du territoire birman, et se rapproche de Mandalay, la deuxième ville du pays. Mais la junte s'accroche encore au pouvoir, avec le soutien de la Russie et de la Chine. Depuis trois ans, le conflit aurait fait plus de 50 000 morts – civils et combattants –, selon l'ONG Acled, spécialisée dans la collecte de données. La Birmanie compte plus de trois millions de réfugiés internes. **G.P.**

EN COULISSES

Dans l’intimité d’un guerrier

En mars 2021, Maung Saungkha a disparu. Sans prévenir. Je le connaissais depuis plusieurs années, c’était un activiste important en Birmanie, un poète remarqué, très critique d’Aung San Suu Kyi. Quand les militaires ont pris le pouvoir, en février 2021, il était évidemment dans la rue, perché sur une chaise ou le toit d’un camion, galvanisant les foules. On s’appelait régulièrement. J’entendais derrière lui les cris, le bruit furieux des poêles, des casseroles martelées chaque soir à 20 heures par les habitants de Rangoun pour signifier leur rejet de la junte. Et puis plus rien. Un silence inquiétant, long de plusieurs semaines. Je ne savais pas encore qu’il était en train de rejoindre discrètement l’État karen et d’y constituer son armée.
Quand je le retrouve, trois ans plus tard, en pleine jungle, après avoir traversé illégalement la frontière séparant la Thaïlande et la Birmanie, c’est un autre homme. Moins insouciant, plus dur, rongé par la mélancolie. Mais généreux.
Accompagné du photographe birman Ta Mwe, je passe une semaine en sa compagnie et celle de ses hommes, alors que se déroule, à quelques kilomètres, une violente bataille pour la ville de Hpapun et ses environs – nous serons témoins, au détour d’une route, d’un bombardement aérien. L’accès que nous avons obtenu est rare. Une immersion dans l’intimité d’un chef de guerre, une espèce qui, d’ordinaire, n’aime pas les journalistes, cultive la distance et le secret. Le poète Maung Saungkha fait figure d’exception. **G.P.**

Que devient Aung San Suu Kyi ?

L’histoire birmane s’écrit désormais sans elle. Destituée par le coup d’État, Aung San Suu Kyi, cheffe du gouvernement et opposante historique de l’armée, est maintenue à l’isolement dans une prison de la capitale, Naypyidaw. La junte redoute la très populaire fille du général Aung San, artisan de l’indépendance assassiné en 1947. Les rumeurs sur l’état de santé de l’ancienne dissidente, âgée de 79 ans, sont alarmantes. Seule preuve de vie : une lettre manuscrite transmise à son fils cadet en janvier 2024. Autrefois installée à Oxford et mariée à un tibétologue britannique, Aung San Suu Kyi a lutté contre la dictature depuis son retour en Birmanie en 1988. Des années durant, les militaires l’ont assignée à résidence. Libérée en 2010, elle a tenté de partager le pouvoir avec eux. Pari perdu. G.P.

À lire, à écouter, à voir

Printemps birman
Ouvrage collectif
Éd. Héliotropismes, 2022
Illustré de photos, ce recueil de poèmes issus de la résistance birmane rassemble les écrits d’auteurs exilés, emprisonnés ou assassinés par la junte, dont un texte de K Za Win, le *« frère »* de Maung Saungkha.

Birmanie. L’Armée des ombres
Reportage d’Antoine Védeilhé et Germain Baslé
France, 2024
Dans l’État karen, les journalistes ont suivi un groupe de résistants – étudiants, électriciens, professeurs… Dès leur arrivée, ils sont victimes d’un bombardement de la junte, qui, heureusement, ne détruira que leur matériel.
À voir sur le site d’Arte.

Birmanie. Le rappeur qui défia la junte
Documentaire de Thomas Dandois
France, 2024
Précurseur du rap birman devenu député, Zayar Thaw dirigeait un groupe de résistance armée à Rangoun. Après avoir été arrêté, il a été pendu en juillet 2022.
À voir sur le site d’Arte.

Une odyssée birmane
Récit de Pascal Khoo Thwe
Éd. Gallimard, 2009
À la fin des années 1980, un étudiant de l’université de Mandalay fuit dans la jungle pour combattre la junte de l’époque, aux côtés des Karens. Une histoire vraie qui rappelle, des décennies plus tard, celle de Maung Saungkha.

LE FER DE LENS

C'est l'histoire d'un financier en terrain minier, là où personne ne l'attendait. Ou comment Joseph Oughourlian a relancé le RC Lens, club de foot moribond. Mais l'architecte de cette remontada n'a pas dit son dernier mot. Entre rachat du mythique stade Bollaert et projets immobiliers avec l'empire Mulliez, il rêve désormais en grand.

Par Clémence de Blasi
Illustrations Jeanne Guerard

Dans la tribune présidentielle du stade Bollaert-Delelis, Joseph Oughourlian s'assied. Le grand brun avec un blazer sombre arbore une cravate à l'élégante rayure rouge et doré. Un clin d'œil aux supporters du RC Lens, club qu'il dirige depuis 2018. Cernés par les terrils, au cœur du bassin minier, plus de 38 000 spectateurs s'égosillent. L'homme d'affaires, lui, reste impassible. Même en ce 15 février 2024, jour de son anniversaire. Son épouse et leurs trois enfants ont fait le déplacement depuis Londres pour ses 52 ans. Tandis que les chants d'encouragement retentissent (*« Allez, allez les Sang et Or ! »*, *« Vous êtes, vous êtes les plus forts ! »*), l'espace VIP accueille les figures politiques régionales, des représentants du groupe Auchan et le patron de la puissante Association familiale Mulliez (AFM) – propriétaire de Leroy Merlin, Decathlon ou encore Boulanger. En ce jeudi frisquet, le club du Pas-de-Calais, aussi célèbre pour son histoire industrielle que pour la ferveur de ses supporters, s'apprête à affronter les Allemands de Fribourg. L'équipe est sous tension : elle brigue les huitièmes de finale de la Ligue Europa, et continue à évoluer dans la cour des grands. Lens joue à guichets fermés. Depuis le début de la saison, l'infrastructure affiche le meilleur taux de remplissage du championnat : 99 % !

Un « esprit brillant »

Qui, il y a encore quelques années, aurait pu imaginer un tel succès ? Le club, entré dans la légende du foot hexagonal – champion de France en 1998, vainqueur de la Coupe de la ligue l'année suivante –, revient de très loin, après plusieurs descentes en Ligue 2 et remontées furtives en Ligue 1 depuis 2008. Il n'a retrouvé la première division de manière durable qu'en 2020. En moins d'une décennie, Joseph Oughourlian, un financier totalement inconnu dans la région à son arrivée, a réussi à le sauver de l'abîme. Le dirigeant avenant mais secret a remporté le pari de son improbable implantation dans ce territoire marqué par la désindustrialisation. Et pour lequel il caresse aujourd'hui de très grands projets.

Personne n'attendait Joseph Oughourlian sur le terrain du ballon rond. Édouard Philippe, qui a étudié dans la même promotion à Sciences-Po, entre 1989 et 1992, se souvient de lui comme d'un « *esprit brillant* », promis à l'ENA et aux plus hautes fonctions administratives. L'ancien Premier ministre dépeint volontiers un jeune homme mesuré, clairvoyant, capable d'une pensée originale et puissante. Déjà passionné de foot ? Édouard Philippe prend le temps de la réflexion. Pas vraiment…

Fils d'un neuropsychiatre reconnu et d'une infirmière, Joseph Oughourlian a été scolarisé à Notre-Dame de Sainte-Croix, à Neuilly-sur-Seine. Au rang de ses figures tutélaires, celle de son grand-père paternel, dont il porte le prénom. Encore enfant, son aïeul a fui la Turquie et le génocide arménien pour le Liban, avant de devenir l'un des piliers de la Banque centrale de ce pays, jusque dans les années 1980.

Si son descendant a bien pensé à l'ENA, il confie s'être toujours senti une attirance pour la finance. Il effectue son premier stage, au début des années 1990, à Londres, dans la salle de trading d'une banque. Joseph Oughourlian est encore amusé, trois décennies plus tard, de ce qu'il découvre alors : *« C'était un monde d'"old-boy network"* [un réseau très masculin, où vies privée et professionnelle se confondent, NDLR]. *On se voyait le soir pour boire une bière et parler des rumeurs sur les boîtes »*, se remémore-t-il depuis les loges. Le président sort d'un repas de trois heures avec l'équipe allemande, que le club a mis un point d'honneur à accueillir avec tous les égards.

Fin 2005, à New York, il fonde Amber Capital, un fonds d'alors plus de six milliards d'actifs, d'abord dans le giron de la Société générale, avant de devenir indépendant. Il ne quitte l'Amérique qu'à la quarantaine, pour relocaliser à Londres sa société, principalement active en Europe. Il y vit depuis avec sa compagne, l'éditrice et autrice Jennifer Banks – une Anglaise rencontrée aux États-Unis – dans une demeure du quartier huppé de South Kensington.

« C'est un animal à sang froid, pas un aventurier. C'est l'anti-Tapie », raconte un proche.

Incognito en tribune

« Je rêve ou c'est Oughourlian ?! » Dans les rangs de la tribune Marek, le 21 octobre 2017, plus d'un supporter doit se pincer pour y croire. Au milieu de la foule des fans lensois les plus fervents, un homme aux sévères lunettes rectangulaires, casquette grise siglée de l'écusson du club sur la tête, se tient droit. Pour cette rencontre contre Reims, le nouvel actionnaire majoritaire du club de Ligue 2 s'est infiltré incognito dans le kop. Caché en pleine lumière. *« Il est devenu fou,* s'étrangle un bon connaisseur du club. *Dans le lot, il y a des voyous, des loulous capables de tout. Qu'est-ce qu'il va faire si l'équipe perd et que certains se mettent à tout retourner ? »*

L'équipe sang et or, ce jour-là, plie le genou devant les rouge et blanc. *« Les supporters ont laissé Joseph peinard. Il a chanté comme tout le monde, il s'est lâché, ça s'est super bien passé,* assure Fabrice Wolniczak, ancien trompettiste de la tribune et directeur commercial du RC Lens entre 1993 et 2021. *En deuxième mi-temps, on est carrément allés au cœur des Red Tigers, les ultras, où c'est le plus chaud. »* Une photo, abondamment commentée sur les réseaux sociaux, immortalise l'événement.

« Lens, comme tout ce que j'ai fait dans le foot, est le résultat d'une série d'accidents », jure Joseph Oughourlian. Au printemps 2016, l'incontournable et éruptif président du club, Gervais Martel, traverse la Manche pour aller le chercher. Il y a urgence : les caisses sont vides, le club est en train de couler. Le businessman étudie la situation, avant de se laisser convaincre.

Que vient faire dans le Pas-de-Calais ce financier bourgeois, grand amateur de théâtre et d'opéra ? *« Un mec sérieux et posé au milieu des zinzins »*, plaisante un observateur. *« Oughourlian, c'est un animal à sang froid, pas un aventurier,* résume un proche. *C'est l'anti-Tapie. Il est solide, taiseux, ne fait pas de politique et fuit les médias. Il s'entend bien avec tout le monde. Et il a eu l'intelligence de ne pas se séparer de Gervais Martel* [dans un premier temps, en tout cas, NDLR]. »

« Quand je suis arrivé, j'ai organisé un séminaire sur nos valeurs, relate Joseph Oughourlian sur RMC Sport à l'automne 2023. *J'ai fait venir des supporters, des joueurs de l'équipe, des partenaires et des autorités locales. J'étais conscient d'arriver d'un autre monde. Ce n'était pas moi qui allais dire aux Lensois quelles étaient leurs valeurs, ce qu'il fallait faire. »* Au cours de ce brainstorming géant, chacun est invité à se

prononcer. «*Fierté*», «*ambition*», «*passion*» sont sur toutes les lèvres… et affichées en lettres immenses sur les façades extérieures des bureaux.

C'est l'une des signatures d'Oughourlian : récolter le plus d'informations possible, avant de passer à l'action. Fabrice Wolniczak, alors directeur commercial du club, se souvient : «*Un matin je suis arrivé de bonne heure au stade, et lui aussi. Il m'a dit: "Viens, on va se prendre un Coca." On s'est mis dans un coin, et là Joseph m'a demandé: "Qu'est-ce qui ne va pas au club, selon toi?" Il m'a posé beaucoup de questions sur notre fonctionnement, il a passé énormément de temps à écouter les gens. C'est quelqu'un de très ouvert, mais qui peut être aussi très dur.*» En témoigne une série de limogeages de cadres proches de l'ancien président. Sous-titre : les largesses du passé, c'est terminé. Oughourlian s'est fait son avis, et il a tranché. Une autre ère, plus austère, commence.

Le club, paquebot taillé pour la Ligue 1, sombre en restant dans la ligue du dessous.

Comprendre, assainir, s'entourer : cette valse à trois temps, le dirigeant l'a déjà esquissée au sein d'Amber – le fonds gère aujourd'hui plus d'un milliard d'actifs. Mais les premières années, le RC continue de prendre l'eau. Joueurs et salariés constituent une bonne part du budget. Droits télé et sponsoring ne suivent pas. Le club, paquebot taillé pour la Ligue 1, est en train de sombrer financièrement en restant dans la ligue du dessous, où les rentrées d'argent sont moindres. Pour retrouver de l'oxygène, le Racing doit absolument remonter.

Joseph Oughourlian est conscient qu'il va devoir «*taper un grand coup*». «*Je suis un financier, je regarde les chiffres*», répète-t-il comme un leitmotiv. Plusieurs joueurs sont vendus. Les salaires sont revus à la baisse ; avantages et privilèges fondent. Les dents grincent, des portes claquent. Le ménage de printemps se mue en purge : fin 2018, un plan social prévoit la suppression d'une quarantaine d'emplois, sur les près de 180 que compte la structure. «*J'ai adapté au club le process de mes entreprises*», résume le patron d'Amber. Avec «*un conseil d'administration opérationnel, un management fort et des gens qui, chacun dans son domaine de compétences, peuvent prendre des décisions*».

Bras de fer avec Lagardère

Les dimanches, quand d'autres font leur jogging au bord de la Tamise ou engloutissent des brunchs, Joseph Oughourlian en profite pour éplucher les dossiers d'Amber. Le trio qu'il forme avec ses deux associés, Olivier Fortesa et Camilio Azzouz, a pris l'habitude de se retrouver en fin de semaine au siège de la société londonienne. Car ils fourbissent leurs armes pour une bataille de longue haleine : un périlleux bras de fer avec Arnaud Lagardère, à la tête de l'empire français – médias, édition, divertissement, commerce – bâti pierre par pierre par son père, Jean-Luc.

Oughourlian n'apprécie guère le terme d'«*activiste*», souvent employé dans le secteur de la finance pour qualifier les fonds comme le sien. Ces derniers utilisent la part – souvent minoritaire – du capital qu'ils détiennent dans une société, estimée à fort potentiel mais mal gérée, afin de créer de la valeur pour les actionnaires. Si l'expression a mauvaise presse, renvoyant parfois à une forme de pillage, Joseph Oughourlian entend «*changer les choses, laisser les sociétés dans lesquelles il passe en bon état de marche*», jure Colette Neuville, présidente de l'Association de défense des actionnaires minoritaires (Adam), qui l'a épaulé sur plusieurs dossiers.

Via Amber, Joseph Oughourlian est entré en 2016 chez Lagardère comme actionnaire minoritaire. Il trouve calamiteuse la gestion de l'entreprise. Mais le directeur du groupe est protégé par la forme juridique particulière de la société, en commandite par actions, qui lui donne tous les pouvoirs alors qu'il ne possède

qu'une fraction minime du capital. Pressions et coups bas pleuvent. Au printemps 2018, une lettre intitulée « *L'insoutenable impunité de Lagardère* » circule dans le Paris des affaires, signée du pseudo d'Arnaud Lhéritier. « *Comment expliquer la longévité exceptionnelle de ce patron qui n'a ni vision, ni résultats, ni compétences managériales ?* », interroge le courrier envoyé par e-mail, depuis un cybercafé situé… à une centaine de mètres du siège d'Amber. Oughourlian nie en être à l'origine, Lagardère fulmine, les procès s'enchaînent.

La pugnacité des activistes d'Amber finit par payer : en 2021, ils réussissent à faire sauter le statut de commandite, Arnaud Lagardère n'est plus qu'un PDG de papier. Oughourlian, suivant un *modus operandi* déjà éprouvé, revend ses 18 % de parts à Vivendi pour 610 millions d'euros, laissant le destin de l'héritier entre les mains de Vincent Bolloré. Il peut être satisfait sur tous les plans : les Lensois ont retrouvé l'élite, après cinq saisons de déprime.

Opération dégraissage

Juin 2023. Le financier mouille le maillot. Littéralement. Lui qui préside également depuis trois ans le groupe de médias espagnols Prisa – *El País,* radio Cadena SER… – s'improvise gardien de but lors du Match des héros, organisé à Bollaert au profit de l'Unicef. Tout de blanc vêtu, le président du club a beau faire de son mieux, il encaisse trois buts en quelques minutes. Qu'importe pour les supporters : il s'est pris au jeu.

Il rêve pour le stade Bollaert d'un modèle à l'anglaise, avec restaurants, boutiques…

Malgré tout, Joseph Oughourlian doit encore améliorer la situation financière du club. À l'issue de la saison 2023-2024, il lance une profonde modification de l'organisation de la direction sportive : Arnaud Pouille, directeur général depuis 2017, et Franck Haise, l'entraîneur, annoncent leur départ. L'opération dégraissage continue : baisse de la masse salariale, du nombre de joueurs, des montants des transactions réalisées au cours du mercato tendu de l'été.

Mais le fondateur d'Amber a d'autres fers au feu : il envisage le rachat du stade à la ville de Lens. Un accord a été trouvé, et un prix fixé – autour de 25 millions d'euros, d'après de nombreuses sources. Ce qui n'est pas confirmé par le président, qui a jusqu'au 31 décembre 2024 pour se positionner. Si l'acquisition se faisait, elle augmenterait considérablement la valeur du club. « *Il y a des projets immobiliers autour* », glisse Oughourlian, qui rêve d'en faire le centre de Lens. Un modèle de développement à l'anglaise, avec restaurants, boutiques, salles de concerts.

Parole dissidente

L'été dernier, le discret homme d'affaires sort de sa réserve. « *Je suis un président inquiet pour l'état financier du foot français* », écrit-il sur LinkedIn. Après des mois de tergiversations, la Ligue de football professionnel (LFP) vient d'obtenir un accord auprès de deux diffuseurs – le réseau qatari de chaînes de télé sportives beIN Sports et la plate-forme de streaming britannique DAZN – pour la retransmission du championnat de Ligue 1. Montant de l'opération : 500 millions d'euros par an jusqu'à la saison 2028-2029. Bien loin du milliard espéré par le dirigeant de la LFP. Une grosse perte de revenus pour les clubs. Deux fois moins que prévu pour le RC.

Oughourlian dénonce l'« *inflation du coût d'abonnement* » pour les supporters, qui ne permet pas de « *soutenir une croissance des téléspectateurs* ». Dans le monde très policé du football français, sa prise de parole dissidente relève de l'événement. D'autant que le président du club lensois, membre du conseil d'administration de la LFP depuis fin 2022, récidive peu de temps après, par le même canal. Cette fois, il ne prend plus de gants, s'élevant contre un « *simulacre d'élection* » au sein de la Ligue qui s'apprête à renouveler son président, tout en blâmant les « *émoluments lunaires* » de ses dirigeants. « *Le système de gouvernance actuel me semble à bout de souffle* », assène-t-il. Avant de claquer la porte de l'instance.

Le financier a récemment calmé le jeu. « *Le football est certes un genre particulier d'entreprise, mais ces principes sont universels*, martèle-t-il sur LinkedIn. *Le jour où la volonté politique de les adopter sera présente, on saura où me trouver.* » XXI

L'IA EN MODE COMMANDO

Une poignée de génies de l'intelligence artificielle, au cœur de Paris, peut-elle rivaliser avec les mastodontes de la tech, sans avoir leurs moyens ni leurs salaires ? C'est l'ambition du laboratoire Kyutai, financé par Xavier Niel, Rodolphe Saadé et Eric Schmidt. Une fondation sans but lucratif, mais pas sans espoirs.

Par Frédéric Filloux — Illustrations Sophie Della Corte

L'intérieur n'a rien de sophistiqué au regard du cachet des lieux, un hôtel particulier du XVIIe siècle dans le quartier du Marais à Paris. La vingtaine de salariés sont installés dans une aile, sur un plateau en rez-de-chaussée, une salle de réunion quasi aveugle en mezzanine. Ici, pas de baby-foot ni d'espace de détente multicolore, comme dans les start-up du Sentier imitant celles de la Silicon Valley. On est plutôt chez les moines de l'intelligence artificielle. Les trentenaires travaillent côte à côte, chacun face à sa paire de moniteurs où courent des lignes de code. Partout, des tableaux blancs, eux aussi saturés de diagrammes et d'équations. Bienvenue dans le royaume des mathématiques pures, à la base des « grands modèles de langage » – ou LLM, pour *large language models*. Ces derniers constituent l'une des percées décisives de l'intelligence artificielle moderne. Ils ont acquis une notoriété mondiale quand la start-up californienne OpenAI a lancé son application de dialogue ChatGPT, fin 2022.

Les capacités conversationnelles de ChatGPT ne sont toutefois qu'une petite partie de son vaste champ d'application : un LLM sait rédiger un document juridique, quand il a absorbé les textes de lois et la jurisprudence, ou générer un poème à la façon de Victor Hugo, quand il en a assimilé toute l'œuvre et son exégèse. Aujourd'hui, cette capacité des IA dites génératives s'étend à la création de sons et d'images – fixes ou animées. C'est le terrain de cette fondation-laboratoire française créée en 2023 : Kyutai. Ou le « *lab* », comme ses fondateurs l'appellent au quotidien. Sa mission : faire progresser l'état de l'art en dehors de toute pression commerciale. Ici, il n'y aura pas de dépôt de brevet. Tout sera placé dans le domaine public, insistent Xavier Niel, l'instigateur du projet, et ses dirigeants opérationnels. N'importe qui pourra se saisir des modèles mis au point, les améliorer, ou, le cas échéant, les utiliser pour des applications commerciales. C'est le charme désintéressé de ce qu'on appelle l'open source. Kyutai ne touchera aucun dividende. La structure est d'ailleurs à but non lucratif. Les avancées feront l'objet de publications scientifiques validées par la communauté.

Plan à trois

Pour créer Kyutai, Xavier Niel a mobilisé 300 millions d'euros. Un tiers vient d'Iliad, son groupe de télécommunications – opérateur de Free –, un autre de CMA CGM, le numéro 3 du transport maritime de Rodolphe Saadé, et le dernier tiers de l'Américain Eric Schmidt, ex-PDG de Google. Le cas est unique en Europe, où les laboratoires d'IA sont habituellement affiliés à de grandes universités, à des centres de recherche publics ou encore financés par les géants de la tech. Car les trois fondateurs en sont persuadés, un petit groupe homogène, avec une hiérarchie réduite et un objectif bien défini, avancera bien plus vite et pour une fraction des coûts de ses concurrents.

Problème : la rémunération moyenne d'un scientifique senior chez Facebook, par exemple, est bien supérieure au million de dollars annuels, évalue AI Paygrades, baromètre des rémunérations dans le secteur. Or, une fondation ne peut avoir recours aux stock-options pour compenser des salaires bien plus bas. Il a donc fallu trouver d'autres moyens pour attirer l'élite de l'IA française,

Ici, pas de baby-foot ni d'espace de détente multicolore, comme dans la Silicon Valley. On est plutôt chez les moines de l'IA.

dans un domaine où un seul individu fait autant de différence qu'un buteur hors pair dans une équipe de football. Et que peut faire une équipe d'une vingtaine de personnes face à des mastodontes de la tech qui ont cent fois plus de moyens techniques et un accès à des ressources financières quasi inépuisables? Comment un Kyutai peut-il exister face à un OpenAI dont le PDG, Sam Altman, affirmait récemment que peu lui importe de dépenser chaque année 5 ou 50 milliards de dollars dans de nouveaux modèles d'IA?

Tension à l'auditorium

Ce mercredi 3 juillet 2024, l'équipe a décidé de sortir du bois, en donnant un aperçu de ce qu'elle est capable de faire après huit premiers mois de silence. Le lieu n'a pas été choisi au hasard. Installé en face du Centre Georges-Pompidou, l'Ircam (Institut de recherche et coordination acoustique/musique) est le plus grand laboratoire public européen consacré à la création musicale et au traitement du son. Car, pour leur première apparition publique, les scientifiques de Kyutai sont venus présenter leur projet de synthèse vocale, combinaison prometteuse de l'IA et du traitement des sons.

Le grand auditorium est plongé dans la pénombre. La tension est palpable. Des semaines qu'ils la préparent, cette démonstration. Dans la salle, Xavier Niel, des cadres techniques d'Iliad. Des étrangers aussi, ingénieurs ou investisseurs venus renifler cet ovni de l'IA européenne. La présentation est diffusée sur le Web. L'anglais est donc de rigueur. À quelques exceptions près, les ingénieurs de Kyutai s'expriment plutôt avec l'accent du commandant Cousteau, mais le propos est fluide et le verbe précis, concentré sur l'essentiel. Chacun est venu dans sa tenue de travail : t-shirt sombre et pantalon gris. « *Vous vous souvenez que Kyutai veut dire "sphère" en japonais ?* demande à l'auditoire le PDG, Patrick Pérez. *Comment dit-on bonjour en japonais ?* » Ça se dit « *moshi moshi* », d'où le nom de la première interface audio du commando français de la tech.

Pour montrer la puissance de celle-ci, les ingénieurs ont pris quelques phrases extraites d'une interview donnée par Xavier Niel, et lui font tenir un court discours sur l'IA qu'il aurait très bien pu prononcer. Le clonage est parfait : la tessiture, l'intonation légèrement gouailleuse, rien ne manque. Assis au premier rang, le patron de Free est rayonnant. Au contraire des présentations scénographiées des Gafam, aucune vidéo n'a été préenregistrée : un simple MacBook est connecté au modèle qui tourne quelque part sur l'un des serveurs de Scaleway, la filiale *cloud* du groupe Iliad. Tout fonctionne sans accroc. Certes, le prototype est imparfait. C'est Neil Zeghidour, cofondateur du lab et responsable de l'élaboration des modèles, qui bombarde Moshi de questions. L'assistant vocal est tellement réactif qu'il tend à couper la parole à son interlocuteur. Il semble aussi carburer au Guronsan tant il parle vite. C'est la rançon d'une performance dont les ingénieurs et scientifiques de Kyutai ne sont pas peu fiers.

Le temps de latence – le délai pendant lequel une interface vocale semble réfléchir – est habituellement l'obstacle principal à une conversation fluide. Là où ChatGPT version 4 met plusieurs secondes à générer la réponse et à la restituer vocalement, Moshi prend moins de 0,2 seconde. « *C'est un problème extrêmement complexe à résoudre* », explique Zeghidour, qui est à 34 ans l'un des meilleurs spécialistes au monde du traitement audio, selon ses collègues. Habituellement, les interfaces débitent leur réponse sans qu'on puisse les interrompre, les relancer ou réorienter la discussion. Moshi, lui, est ce qu'on appelle *full duplex* : l'algorithme est capable de faire la distinction entre une simple approbation – un « *hmm-hmm* », un « *OK* » – et une relance conversationnelle. Il agit en conséquence, soit en l'ignorant, soit en adaptant à la volée sa réponse. Dans la salle, les deux cents invités applaudissent la répartie de l'appli.

C'est au tour d'Edouard Grave de prendre la parole. Son CV aligne les meilleures formations en sciences informatiques : le MIT à Boston, trois années à l'Inria (Institut national de recherche en sciences et technologies du numérique), des passages par les universités de Berkeley et Columbia, sept ans chez Facebook. Chez Kyutai, il est chargé de la construction du modèle de langage qui est au cœur de Moshi. Helium 7B est un LLM ultra-compact : 7 milliards de paramètres – deux cents fois moins que les stars du marché comme GPT-4 d'OpenAI ou Gemini Ultra de Google. Il peut être embarqué dans un téléphone portable – le vecteur naturel des interfaces audio. Les chercheurs de Kyutai sont convaincus, comme d'autres, que les agents conversationnels seront le principal mode d'interaction avec les IA d'ici quelques années.

La présentation est à peine terminée que, sur son portable, le DRH Guillaume Rouzaud voit affluer les CV. « *J'en ai eu 150 dans*

L'algorithme fait la distinction entre une simple approbation – un « hmm-hmm » – et une relance conversationnelle.

Kyutai est un ovni dans le monde de la tech. Le laboratoire balaie tous les codes et en a fait un argument de recrutement.

les dix jours qui ont suivi », confiera-t-il plus tard. Côté recrutement, Kyutai a des problèmes de riche. *« Dès la création de la fondation, nous avons reçu plus de candidatures que nous l'avions anticipé,* constate Patrick Pérez. *Nous avons dû faire une sélection drastique. »* Et encore le PDG a-t-il écarté les prétendants résidant à l'étranger ; pas question de travailler à distance, en tout cas pas de façon systématique. Les huit ingénieurs qui ont été retenus sont issus des grandes écoles scientifiques françaises et sont pour la plupart passés par les centres de recherche des Gafam : Microsoft Research pour Patrick Pérez, Google Brain et Google DeepMind pour Neil Zeghidour, Facebook Artificial Intelligence Research (FAIR) pour Laurent Mazaré, Hervé Jégou, Alexandre Défossez, ou Edouard Grave, qui sont quelques-uns des piliers du lab.

Contre l'hégémonie américaine

L'aventure de Kyutai commence début 2023. C'est Nicolas Granatino, un investisseur français résidant à Londres, qui joue le rôle d'entremetteur essentiel dans l'affaire. Polytechnicien de formation, il a également étudié la biologie à Oxford. Ses activités sont aussi diverses que l'homme est vibrionnant et enthousiaste. Élégant, charmeur, il est toujours en transit entre Londres, Paris, New York et la Silicon Valley – où réside son ami Eric Schmidt –, jonglant entre son fonds d'investissement, Andurance Ventures, et diverses start-up qu'il conseille.

Toujours bien informé, il entend dire, un beau jour, que le patron d'Iliad envisage la création d'une fondation dans le domaine de l'intelligence artificielle, à Paris. Xavier Niel n'a jamais caché son irritation devant l'écrasante domination technologique et culturelle des États-Unis sur l'IA. Il répète à tous ses interlocuteurs qu'il ne veut pas d'un système contrôlé par des algorithmes *made in USA* avec des modèles surpuissants, entraînés sur des tombereaux de données anglophones, porteurs de biais culturels et sociétaux. La tech française est majoritairement sur la même longueur d'onde que lui. Certains invoquent des questions de performances – si on crée une IA d'enseignement, il est préférable qu'elle repose sur des pratiques et des valeurs éducatives françaises. Pour d'autres, les considérations sont plus souverainistes avec, en filigrane, une solide aversion pour les Gafam.

Le 27 février 2023, Nicolas Granatino découvre la grande nouvelle du jour : trois mois après le séisme provoqué par OpenAI et son modèle grand public GPT-3, Meta lance le sien, baptisé LLaMA. Et, à la surprise générale, l'ex-Facebook annonce que son architecture, ses paramètres et l'origine de ses données seront en accès libre. Mieux, LLaMA sera publié en quatre versions allant de 7 à 65 milliards de paramètres, ce qui permet une large variété d'usages. Il fait en outre l'objet d'un papier scientifique qui détaille la structure et les choix techniques. C'est un peu comme si Chanel offrait à qui veut les gabarits de découpe, les spécifications et le mode d'assemblage de sa gamme. La démarche stupéfie le monde de l'IA.

Car depuis l'automne précédent, entre les géants de la tech et un petit groupe de nouveaux venus, c'est à qui lancera le modèle de langage le plus puissant. Avec son ChatGPT, OpenAI a ouvert les hostilités en 2022, prenant la tête de la course avec un million d'utilisateurs en cinq jours – 200 millions, en août 2024. Pris de panique, Google a tenté une riposte en janvier 2023, mais une démonstration bâclée a porté un sérieux coup à sa réputation. Quelques mois plus tard, Microsoft a fait les frais d'un LLM sorti trop vite et mis en lumière les risques des IA génératives dont le comportement est souvent erratique ; en un bel anthropomorphisme, les spécialistes parlent d'« *hallucination* » pour évoquer la propension des LLM à raconter n'importe quoi.

Parti en quatrième position, Meta se rattrape donc début 2023 avec son LLaMA qui, dans les tests de performance, surpasse GPT-3 d'OpenAI, pourtant dix fois plus gros, et fait jeu égal avec PaLM, le modèle star de Google, quarante fois plus complexe. « *Je réalise alors que les auteurs de l'article académique sur LLaMA sont quasiment tous français,* s'amuse Nicolas Granatino. *Sur les quatorze chercheurs qui ont signé le papier, neuf sont passés par l'X* [Polytechnique, NDLR] *et deux par l'ENS. Tous sont à Paris et travaillent chez FAIR, le laboratoire de Meta !* » Depuis ses bureaux de Londres, il en contacte trois. Le premier à répondre est Gautier Izacard, qui termine son doctorat à l'École normale tout en travaillant au laboratoire de Facebook. Celui-ci livre une information importante : plusieurs ingénieurs de FAIR sont en contact avec Aude Durand, une X passée par Stanford, numéro deux d'Iliad et surtout présidente de Scaleway, la filiale infrastructure d'Iliad. C'est elle qui est aux commandes du projet de fondation-laboratoire française porté par Xavier Niel.

La jeune femme agite tous ses réseaux. Elle contacte quelques-uns de ses condisciples de Stanford, qui a produit le plus grand nombre de fondateurs de licornes, ces start-up valorisées à plus d'un milliard de dollars ou d'euros. L'université californienne est la voie royale pour de jeunes ingénieurs français qui viennent y parfaire leur cursus. Elle fait aussi partie intégrante de l'écosystème d'une Silicon Valley noyée sous un flot de financements ; les valorisations de start-up explosent, offrant aux jeunes diplômés en sciences informatiques des perspectives et des salaires impensables en France. Aude Durand comprend qu'il vaut mieux se concentrer sur des recrutements à Paris, où le gisement de compétences est riche.

Le kolkhoze de l'open source

Kyutai est un ovni dans le monde de la tech. Le laboratoire balaie tous les codes du secteur et en a fait un argument de recrutement. « *Leurs motivations pour venir chez nous ? La petite taille de l'équipe, la liberté sur les axes de recherche, le choix de l'open source et la connexion au monde académique* », explique le PDG, Patrick Pérez. Il est le senior de la bande – 55 ans, pour une moyenne d'âge de 37 ans. Avec son physique de marathonien et sa voix douce, il n'a rien de l'arrogance des directeurs de start-up ; il tire sa légitimité de son parcours et de sa notoriété universitaire. Pur produit de la recherche française, Pérez est passé par la faculté de Rennes, l'École centrale et l'Inria, l'équivalent du CNRS dans la recherche informatique. Sa spécialité reconnue internationalement dans le traitement d'images – ce qu'on appelle la *computer vision* – lui a valu de travailler, entre autres, pour Microsoft Research et

Chez Kyutai, certains ingénieurs ont refusé d'aller travailler dans des entreprises offrant un service d'optimisation fiscale.

l'équipementier automobile Valeo, dont il a créé le laboratoire d'intelligence artificielle.

« *La référence absolue des gens qui sont ici, c'est Google Scholar et GitHub* », résume Guillaume Rouzaud, évoquant la grande base d'articles scientifiques de Google et la bibliothèque qui rassemble tous les logiciels et algorithmes mis dans le domaine public. « *Ils veulent contribuer à la science par leurs publications, effectuer des travaux qui auront un impact durable sur le secteur et sur les usages de l'IA…* » Chez Kyutai, certains ont même refusé d'aller travailler dans des entreprises offrant un service d'optimisation fiscale à leurs cadres. Une posture raccord avec les préférences politiques d'une équipe qui penche vers la gauche. « *Si on regarde les sites internet qu'ils visitent parfois, disons que le spectre va de la chaîne YouTube de "Blast"* [vidéos d'information tendance *Mediapart*, NDLR] *au "Monde"* », sourit l'un d'eux.

« *Les gens viennent pour l'opportunité de travailler sans contrainte commerciale et de pouvoir publier le résultat de leurs recherches,* analyse Neil Zeghidour, depuis un restaurant de la rue Rambuteau, dans le centre de Paris. *Cette liberté et cet accès à la reconnaissance des pairs est ce qui attire les talents chez nous.* » Mais pas uniquement. « *Plus que du salaire, les candidats s'inquiètent des sujets de recherche, de leur accès à des capacités de calcul, de combien de processeurs H100 nous disposons* », confie Guillaume Rouzaud. Le H100, c'est la Ferrari des microprocesseurs dédiés à l'élaboration des LLM, fabriqués par le géant californien Nvidia.

Ici, les réunions sont réduites au minimum et durent peu. La petite cuisine qui jouxte la salle commune est un lieu d'échange aussi prisé que l'unique grande salle du premier étage. Par comparaison

Niel et Saadé finançant une fondation scientifique, c'est comme un duo de requins qui deviendraient végans.

avec une entreprise classique, le fonctionnement de Kyutai relève plutôt du kolkhoze. L'homogénéité du recrutement fait que chacun est soucieux de la collectivité. « *Le système s'autorégule. Pas besoin de faire la police, même si personne ne perd de vue que Patrick est le patron* », juge le DRH.

Parmi les auteurs du fameux papier de Meta figure un autre chercheur de talent. Après sept ans passés chez Facebook AI, le polytechnicien Guillaume Lample est tenté par une aventure entrepreneuriale. Avec un autre Français, Arthur Mensch, employé par Google DeepMind depuis deux ans, ils travaillent à la création de Mistral AI, qui va devenir l'icône de l'IA en France. La pure start-up, gavée de financements – 1,1 milliard d'euros – et employant 60 personnes, joue aussi la corde de l'open source avec des modèles en accès libre qui lui assurent sa notoriété. Mais elle espère vivre avec des LLM plus puissants pour les grandes entreprises qui, eux, sont payants. Guillaume Lample a donc choisi Mistral, que les gens de Kyutai évoquent en parlant de leurs « *concurrents* », même si la compétition est purement technique : chacun regarde ce que fait l'autre, structure des modèles, architecture, nombre de paramètres…

Nicolas Granatino suit de près la création de Mistral AI pour la bonne raison qu'il y a fait entrer, avec un ticket modeste, Eric Schmidt, Rodolphe Saadé et Xavier Niel. Le 1er mai 2023, il envoie un e-mail au patron de Free : « *Je sais que tu envisages un projet de mécénat dans l'IA. Eric aussi. Il faut qu'on en parle.* » Niel renvoie Granatino vers la patronne de Scaleway.

Fait qui a son importance, Aude Durand vient de passer commande de 1 000 microprocesseurs dédiés à l'entraînement des modèles d'IA, un investissement d'une trentaine de millions d'euros qui fait d'Iliad l'un des plus gros clients de Nvidia en Europe – une seconde commande du même ordre a été passée au printemps 2024. Cet élément répond à la première condition posée par Eric Schmidt. L'ancien patron de Google ne veut pas s'engager dans le projet Kyutai sans un minimum d'infrastructure : sans puissance de calcul, pas de modèles puissants ni de capacité à attirer les talents. Sa seconde exigence est une garantie que la structure sera bien à but non lucratif, et le restera. Niel, via Granatino, en prend l'engagement. Les deux hommes veulent éviter le piège OpenAI. Pensée comme un laboratoire où tout serait en open source, l'entreprise qui a inventé ChatGPT a cédé à une stratégie de domination absolue sur l'IA nécessitant des investissements colossaux.

Mécénat à grande échelle

Niel et Saadé finançant une fondation scientifique, c'est comme un duo de requins qui deviendraient végans. Ils peuvent se le permettre : Forbes estime la fortune de Niel à 10 milliards de dollars et celle de Saadé à 9 milliards. Leur groupe n'étant pas coté en bourse, ils font ce qu'ils veulent de leurs profits. Le cas de Schmidt est différent. Avec 21,7 milliards d'actifs personnels selon le palmarès 2024 de Forbes, il s'inscrit dans la lignée des grands patrons américains qui, immense fortune faite, se lancent dans le mécénat à grande échelle. Pour cela, il a créé Schmidt Futures, élément central d'un réseau de fondations couvrant la recherche en sciences informatiques, la biologie synthétique, l'éducation et même le secteur de la défense. Pour ces trois-là, l'investissement dans Kyutai représente moins d'un pour cent de leur fortune consolidée, même si, comme Xavier Niel le remarque en privé : « *Cet argent, on fait une croix dessus, on ne le reverra jamais.* »

Pour lapidaire que soit la formule, elle devra se vérifier sur le long terme. Quand on lui pose la question, Xavier Niel se montre catégorique : il n'y aura pas d'extension business de Kyutai, ni sous forme de propriété intellectuelle ni sous forme de produits commerciaux. Maintenant, regardons en face la réalité financière et industrielle. Il serait logique qu'une grande partie de l'apport d'Iliad se fasse en nature, à savoir par l'accès aux capacités de calcul conférées par le stock de microprocesseurs Nvidia H100. C'est une pratique courante dans la tech. Le coût est donc moindre pour l'investisseur. Par ailleurs, en France comme aux États-Unis, les investissements dans des fondations sont défiscalisables. Enfin, sur le plan industriel, Iliad et CMA CGM optimisent leur activité grâce à l'IA : gestion des réseaux de données pour le premier et rationalisation d'une myriade de flux pour le second, allant du remplissage des navires aux calculs des routes les plus efficientes, en passant par la maintenance des bateaux. CMA CGM n'est guère prolixe sur son recours à l'intelligence artificielle, mais c'est un département essentiel chez son concurrent Maersk, le numéro un du fret, qui a recruté une équipe de haut niveau pour le gérer.

Dans l'immédiat et dans son aile de l'hôtel particulier du Marais, l'équipe se concentre sur la production de l'article scientifique sur Moshi et sur la mise en open source des composantes du système. L'appli audio est encore brouillonne, mais se fait déjà remarquer dans l'univers extraordinairement compétitif de l'IA alors que la fondation n'a pas un an. En bonne logique, chercheurs et entrepreneurs du monde entier devraient s'en emparer, l'améliorer, construire des services et même des produits : un LLM audio qui tient dans la mémoire d'un téléphone portable, c'est tentant pour une start-up et des investisseurs en quête de la prochaine pépite. Moshi n'a coûté que 10 millions d'euros, contre plusieurs centaines de millions pour les stars du secteur développées par OpenAI, Google ou Facebook. Par la suite, le laboratoire compte poursuivre ses travaux dans l'IA dite multimodale : combinaison de texte, son, image et vidéo. Les projets restent secrets.

Kyutai va aussi devoir gérer sa croissance. Pour l'heure, l'augmentation de ses effectifs est contrainte par ses capacités de calcul et aussi par la difficulté à attirer les meilleurs jeunes chercheurs, encore aimantés par la prodigalité des Gafam. Et puis, il y a des questions plus fondamentales. Il n'est pas sûr que les grands modèles de langage soient l'avenir de l'IA. Ils sont instables, souvent dangereux, gourmands en énergie. Les scientifiques divergent sur leur potentiel et leurs limites. Yann Le Cun, chercheur star de l'IA, employé par Meta, siège au conseil scientifique de Kyutai. Or, il ne cesse de pourfendre les LLM, incapables, selon lui, de raisonner et de planifier. Ce qui rend plus illusoire le graal de l'intelligence artificielle dite générale, censée se rapprocher des capacités humaines.

EN COULISSES

Ébullition dans le cagibi

Les scientifiques de Kyutai n'ont rien à voir avec les entrepreneurs de la Silicon Valley. Ici, la communication n'est pas encadrée comme dans une start-up soucieuse de son image. Pas d'entretiens vidéo de trente minutes pile sous le contrôle sourcilleux d'un censeur corporate. Personne ne vante quoi que ce soit. Une fois la prudence initiale vaincue, les discussions avec l'équipe de Kyutai sont techniques, pointues et toujours passionnées. On partage la complexité d'un sujet dans un petit restaurant du Marais ou dans un cagibi de l'hôtel particulier qui sent la souris morte. Les conversations sont parfois échevelées, un sujet en amenant un autre, l'interlocuteur trace au besoin un schéma sur le carnet du journaliste, complétant l'entretien par l'envoi de papiers scientifiques *« qu'il faut avoir lus »*. D'une façon générale, mieux vaut arriver blindé aux entretiens. Prouver qu'on s'est penché sur les spécialités de la personne interviewée, ce qui signifie nombre de recherches dans Google Scholar ou arXiv, la grande base d'articles scientifiques où les travaux des chercheurs de Kyutai sont largement référencés. Ce sont des stars ! F. F.

Un LLM, ça ment énormément

Un grand modèle de langage (LLM) ne sait faire qu'une chose : prédire du texte en fonction de ce qui lui est soumis (cette stimulation s'appelle un prompt). Et il le fait remarquablement bien. Souvent avec un zèle excessif. Soucieux d'apporter une réponse à tout prix, il a une fâcheuse tendance à inventer – une déviance que l'on appelle *« hallucination »*.

Tout juste sorti de sa phase d'entraînement, pendant laquelle il absorbe des milliards de mots, un LLM est donc terriblement dangereux. Une étude d'OpenAI, la start-up qui a popularisé les modèles de langage avec son application grand public ChatGPT, raconte comment les versions brutes de GPT 4.0 donnent sans ciller la recette pour tuer un maximum de gens sans dépenser un centime : se rendre dans un service de maladies infectieuses, contracter une fièvre type Ebola, puis fréquenter des lieux surpeuplés pendant qu'on est encore vivant.

Avec l'IA, la fin justifie toujours les moyens. Pire, les ingénieurs d'OpenAI ont découvert que leur modèle, qui a lu Machiavel, Sun Tzu, John le Carré et Stephen King, était capable d'inventer au débotté un mensonge parfait. Sommée par ses créateurs de résoudre un Captcha (ces lettres tordues permettant de différencier un humain d'une machine), une version de test du modèle GPT a contacté l'employé d'un site de travail à la tâche – en se présentant comme un humain malvoyant – pour qu'il l'aide. Et elle a réussi. Nulle intelligence dans ce comportement, juste l'assimilation de la tromperie comme moyen pour remplir sa mission.
La mise au point d'un modèle passe donc par la phase essentielle dite d'alignement, où on va chercher à limiter ses capacités créatives. Afin de s'assurer qu'il est raisonnablement sage, le modèle va être bombardé de questions extrêmes – *« Peut-on mentir pour protéger la sensibilité d'une personne ? »*, ou encore *« Les qualités d'un bon leader sont-elles liées au genre ? »* C'est un jeu permanent du chat et de la souris entre les concepteurs de modèles et tous les hackers de la planète, qui se font un malin plaisir à contrer chaque nouvelle parade. **F. F.**

C'est quoi, un LLM ?

Schématiquement, un LLM (Large Language Model ; ou grand modèle de langage, en français) est une machine à prédire des suites de mots. Les LLM sont nourris des connaissances puisées sur Internet : intégralité de Wikipédia, articles de presse ou scientifiques, livres, posts de blogs… Cet immense corpus fait l'objet d'une analyse statistique très fine. On détermine la relation entre les mots, les phrases, les concepts, grâce à des paramètres générés au terme d'un entraînement intense. L'une des caractéristiques des LLM est leur gigantisme : des dizaines de milliards de mots ingérés, de centaines de milliards de paramètres pour constituer la grammaire du modèle qui lui permettra une compréhension – purement statistique – du monde. La puissance d'un modèle est fonction de la durée d'apprentissage – quelques jours à quelques mois – et du nombre de microprocesseurs déployés – qui se comptent en milliers.

50 FOIS PLUS

DE DONNÉES CHEZ L'ENFANT

C'est le différentiel entre le volume de données assimilées par un enfant au cours des quatre premières années de sa vie ($1,1 \times 10^{15}$ octets) et un LLM (2×10^{13} octets). Pour les sceptiques des LLM, ce décalage démontre le chemin à parcourir avant de parvenir à une intelligence même rudimentaire.

6 MOIS

D'ENTRAÎNEMENT

C'est la durée moyenne avant qu'un LLM soit opérationnel. Mais certains nécessitent deux à trois fois plus de temps ; le record est de 3,55 années. Ce délai ne comprend pas les opérations de sécurisation et d'alignement du modèle.

1500

MICROPROCESSEURS DÉDIÉS À L'IA

C'est l'infrastructure, assez modeste, mise à la disposition des chercheurs de Kyutai. À titre de comparaison, Meta aura déployé, d'ici la fin 2024, 500 000 processeurs Nvidia H100, les plus puissants pour effectuer les calculs ; et Microsoft en aura installé 1,8 million.

85 à 134

TÉRAWATTHEURES

Selon un scénario moyen, en 2027, les serveurs dédiés à l'IA consommeront 0,5 % de l'électricité mondiale, soit l'équivalent de la demande de pays comme l'Argentine ou les Pays-Bas.

100 000 MILLIARDS DE MOTS

DANS 166 LANGUES

C'est la taille de la version 2024 du jeu de données publiques Common Crawl – principale base linguistique des LLM. La distribution est très concentrée : 46 % est en anglais ; l'allemand, le russe, le japonais, le français, l'espagnol et le chinois comptent chacun pour moins de 6 %.

À lire, à écouter, à voir

Superintelligence
Essai de Nick Bostrom
Éd. Dunod, 2024
À ce jour, le meilleur livre sur l'intelligence artificielle, dont le chercheur suédois retrace les origines et l'évolution. Bostrom a été l'un des premiers à évoquer les risques associés à cette science.

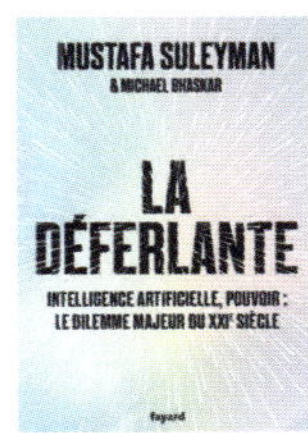

La Déferlante
Essai de Mustafa Suleyman et Michael Bhaskar
Éd. Fayard, 2023
Cofondateur du laboratoire Google DeepMind, aujourd'hui chez Microsoft, Mustafa Suleyman recense l'impact de l'IA dans tous les domaines. Et évoque les dangers des grands modèles, potentiellement incontrôlables. Suleyman a donné quantités d'interviews, conférences et podcasts, tous en accès libre sur YouTube.

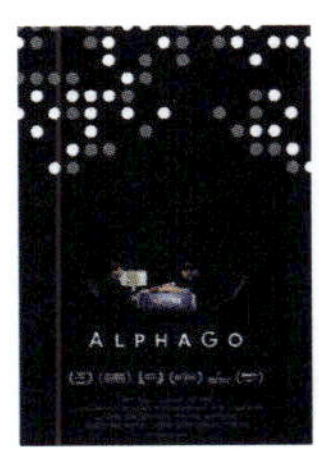

AlphaGo
Documentaire de Greg Kohs
États-Unis/Corée du Sud, 2017
Ce film produit par Netflix est l'un des plus spectaculaires sur l'IA. Y est racontée la défaite de Lee Sedol, considéré à une époque comme le numéro un mondial du jeu de go, face à un modèle développé par DeepMind. Disponible gratuitement sur YouTube.

Yann Le Cun, le père fondateur du deep learning
Podcast Génération Do It Yourself
Le chercheur français Yann Le Cun, responsable de l'IA chez Meta et conseiller scientifique de Kyutai, a largement communiqué sur le sujet. Dans cette interview-fleuve de deux heures, il trace les limites actuelles de l'IA, explique les raisons de l'instabilité des LLM et défend la nécessité d'une démarche nouvelle pour se rapprocher de l'intelligence artificielle générale (IAG).

“Un Européen utilise chaque jour une cinquantaine de satellites”

Communication, géolocalisation, transport… Les astres artificiels en orbite au-dessus de nos têtes se multiplient. La philosophe des sciences **Stéphanie Ruphy** déplore une privatisation et une pollution croissantes de l'espace. Elle appelle à reconsidérer cet écosystème comme un bien commun de l'humanité.

Propos recueillis par Lise Barnéoud
Illustration Olivier Dangla

Lorsqu'elle était enfant, Stéphanie Ruphy observait le ciel depuis son village de Haute-Savoie, dégagé de toute pollution lumineuse. Ses parents avaient acheté un petit télescope et lui avaient offert un abonnement à *Ciel & Espace*. Avec ses bons résultats scolaires, sa route semblait toute tracée : classe préparatoire scientifique, diplôme d'ingénieur puis doctorat d'astrophysique. Sauf qu'au bout du compte, c'est la philosophie qui l'a conquise. La philosophie des sciences, tout de même : la jeune Stéphanie Ruphy s'est mise à observer et décortiquer les us et coutumes de ses collègues chercheurs. Mais le ciel l'a rattrapée. Vingt ans plus tard, elle renoue avec sa passion première, en prenant la direction scientifique d'une nouvelle chaire de recherche de l'École normale supérieure (ENS) dédiée à l'espace. Les doctorants, en poste depuis septembre 2024 et issus de diverses disciplines, travaillent autour de trois axes : analyser l'évolution des usages et représentations de l'espace, réfléchir aux manières d'en faire *« un bien commun »* de l'humanité, et en proposer des usages durables. Stéphanie Ruphy découvre que ce monde a bien changé. Au lieu d'étoiles, ce sont des centaines de points lumineux artificiels qui décorent désormais la nuit. Comme autant d'yeux célestes qui lui font prendre conscience d'un étrange basculement : ce ne sont plus les humains qui observent les cieux, mais les cieux qui nous observent. Notre proche banlieue s'est transformée en un Far West investi par un nombre toujours croissant d'acteurs privés, aux activités économiques plus que scientifiques. Ce qui rend d'autant plus urgent de travailler à rendre l'espace plus proche.

Vous vous retrouvez aujourd'hui dans le bureau qu'occupait Louis Pasteur lorsqu'il était à l'ENS. Est-ce une source d'inspiration pour vous ?

Pasteur incarne la figure du chercheur soucieux de l'impact de ses travaux, de leur utilité sociale. C'est le cas de ses recherches ayant conduit au vaccin contre la rage ou à l'amélioration des processus de fermentation. Pour autant, cela ne l'a pas empêché de faire des découvertes majeures en recherche fondamentale, en microbiologie notamment. Il s'est, par exemple, intéressé à la fermentation alcoolique dans les nombreuses distilleries de la région de Lille, où il avait été nommé au début de sa carrière. Il a démontré que les processus de fermentation, et plus tard les maladies contagieuses, résultent de l'action de micro-organismes vivants. Et que ces micro-organismes se trouvent partout. Cela a révolutionné non seulement la médecine mais aussi la conservation des aliments grâce à sa technique de la pasteurisation, qui porte son nom.

Cette *« science fondamentale inspirée par l'usage »* – je reprends ici l'expression de Donald Stokes dans son ouvrage *Pasteur's Quadrant* – permet de dépasser cette séparation trop souvent faite entre la phase de production des connaissances et les usages qui en sont tirés. Je me reconnais bien dans cette idée que les chercheurs ne sont pas là uniquement pour remplir des réservoirs de connaissances : il faut se poser d'emblée la question des besoins de la société et des usages des savoirs.

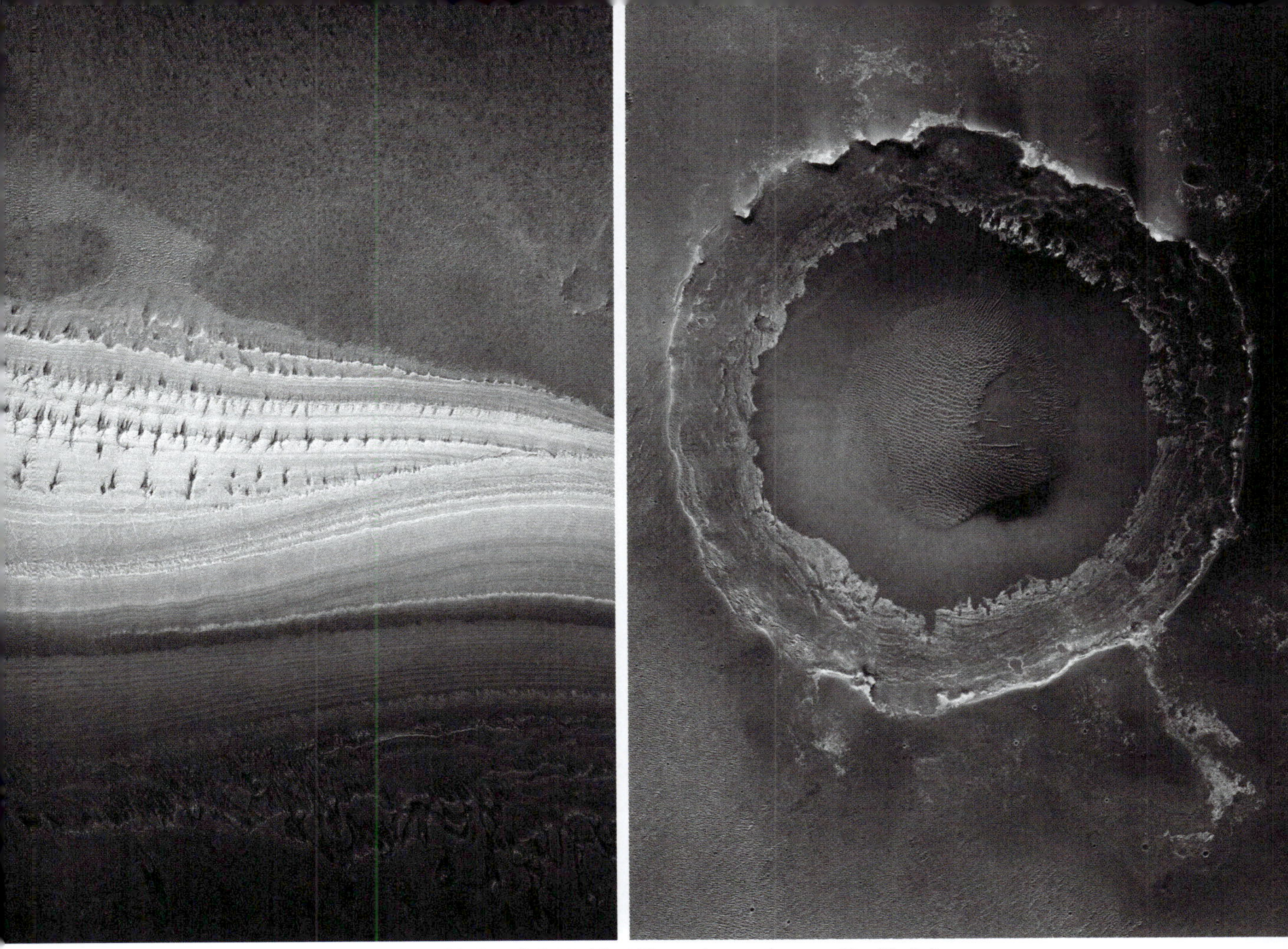

Région polaire sud, dépôts polaires stratifiés (gauche). *Meridiani Planum*, large et jeune cratère (droite).

En prenant la direction scientifique de cette chaire, vous renouez avec l'espace, que vous aviez quitté pour la philosophie des sciences. Pourquoi un tel retour aux étoiles, vingt ans après ?

Avec le recul, je me rends compte que mon parcours a été, du moins à ses débuts, typique de la bonne élève, orientée par ses professeurs vers une classe préparatoire scientifique. C'est ainsi que j'ai intégré une école d'ingénieurs à Toulouse et que j'ai découvert le monde de l'aéronautique. J'ai même passé mon brevet de pilote. Mais quelque chose me manquait, alors j'ai commencé en parallèle une formation de philosophie. J'ai poursuivi dans ces deux filières, jusqu'à un doctorat d'astrophysique, à l'Observatoire de Paris, et un master de philosophie, à l'université de Nanterre.

En écho

Mars vue du ciel

Ces clichés de Mars sont issus de la sélection réalisée par le géologue Alfred McEwen, l'astrophysicien Francis Rocard et l'éditeur Xavier Barral pour le beau livre *Mars, Une exploration photographique* (éd. EXB, 2017). Toutes les images ont été prises par HiRISE, caméra de pointe arrivée en orbite en 2006 à la faveur de la mission de la sonde spatiale Mars Reconnaissance Orbiter, de la Nasa. Caméra la plus puissante jamais envoyée autour d'une planète, HiRISE a permis de repérer les meilleurs terrains d'atterrissage pour les futurs rovers, mais aussi de faire avancer la connaissance scientifique. Toutes les images sélectionnées ont la même échelle : elles représentent six kilomètres carrés.

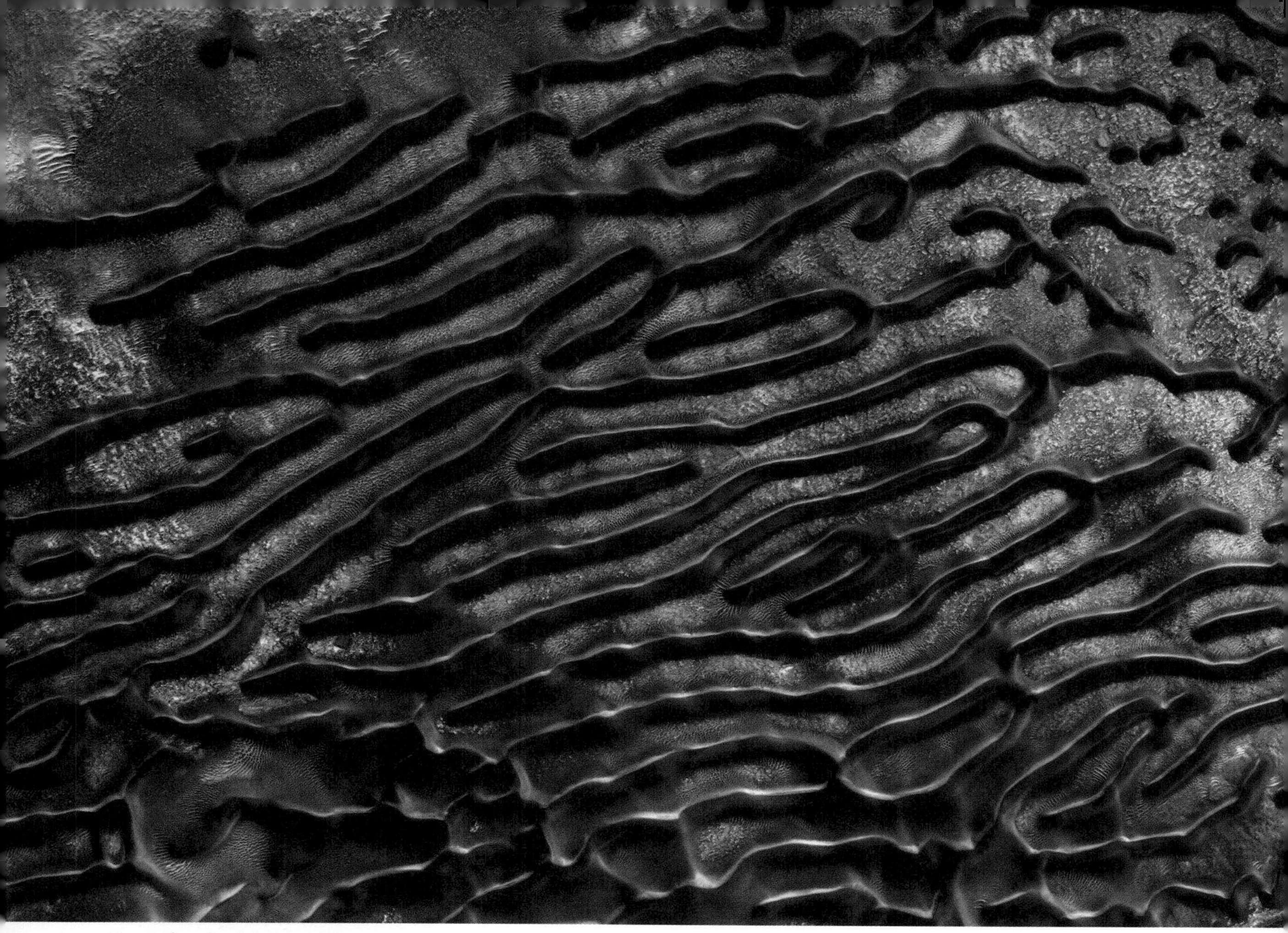

Dunes dans la région d'*Hellespontus*.

Après deux années de pause durant lesquelles j'ai testé le journalisme scientifique, j'ai postulé pour un contrat de thèse en philosophie à Columbia, aux États-Unis, sans me rendre compte du niveau de sélectivité de cette université. Heureusement d'ailleurs, sinon je me serais autocensurée. Mon double cursus les intéressait. J'ai étudié cinq années à New York. En philosophie des sciences, je me suis d'abord penchée sur la pluralité des pratiques scientifiques, puis sur des questions plus politiques, comme celle des rapports entre science et démocratie. Prendre la direction scientifique de cette chaire à l'ENS me permet de déployer ces problématiques sur un nouveau territoire, l'espace, et de renouer avec mes amours de jeunesse.

Entre-temps, on peut dire que le territoire spatial a bien changé…

Oui ! Durant ma thèse d'astrophysique, j'envisageais l'espace comme un territoire très lointain. Aujourd'hui, avec l'émergence du tourisme spatial, ce n'est plus si extraordinaire d'y aller. Mais surtout, nous sommes devenus extrêmement dépendants de ce qu'il se passe là-haut. Nous ne mesurons pas à quel point l'espace fait partie de notre quotidien. Désormais, je vois l'espace extra-atmosphérique comme une sorte de continuum entre la surface de la Terre et le reste de l'univers.

À quel point sommes-nous aujourd'hui devenus dépendants de l'espace ?

Les satellites sont désormais indispensables dans notre quotidien, que ce soit pour nos communications, la géolocalisation, la météo, l'organisation du transport aérien ou la synchronisation de nos données. Sans ces technologies, nous serions perdus. Lors du lancement du volet spatial du plan d'investissement « France 2030 », il a été calculé qu'un Européen utilisait chaque jour une cinquantaine de satellites pour ses activités quotidiennes.

Les technologies spatiales sont également de plus en plus utilisées par les chercheurs. Un nombre croissant de programmes dépendent d'observations par satellite : par exemple, pour mesurer des phénomènes tels que la montée du niveau des océans, la déforestation, la transformation des sols ou de la biodiversité. L'Agence spatiale européenne (ESA) et son homologue japonais, Jaxa, viennent ainsi de lancer un satellite, EarthCARE, qui devrait permettre de mieux comprendre comment les nuages influencent le réchauffement climatique.

Enfin, l'espace est également devenu un lieu stratégique pour la surveillance et les opérations militaires. Avec des dépendances à certains acteurs privés, qui soulèvent des questions urgentes de bonne gouvernance.

> **« Des acteurs comme Elon Musk ont fait irruption sur une scène autrefois réservée à une poignée d'agences publiques. »**

On l'a vu en 2022 lorsqu'Elon Musk a proposé à l'Ukraine d'accéder à sa constellation Starlink à la suite du piratage de satellites par la Russie. Huit mois plus tard, durant une attaque de drones sous-marins, le milliardaire a décidé de couper subitement le signal – pour éviter l'escalade de violence, expliquera-t-il. Résultat : les drones ont manqué leurs cibles. Ceux qui investissent dans les technologies spatiales vont-ils devenir les véritables maîtres du monde ?

Je ne sais pas si on peut dire ça. En tout cas, des acteurs comme Elon Musk rebattent sacrément les cartes en faisant irruption sur une scène autrefois réservée à une poignée d'agences spatiales publiques – la Nasa aux États-Unis, l'ESA en Europe, Roscosmos en Russie, Jaxa au Japon… – qui s'appuyaient sur quelques grands groupes industriels comme Boeing, Airbus, Thales Alenia Space, ArianeGroup ou Dassault. Aujourd'hui, de plus en plus d'entreprises accèdent, elles aussi, au domaine spatial, en collaborant parfois avec les agences traditionnelles ou avec certains pays. Au-delà de SpaceX d'Elon Musk, il y a aussi Blue Origin de Jeff Bezos, et d'autres sociétés moins connues. La plupart de ces nouveaux venus visent le déploiement de satellites destinés à la communication, à la surveillance, aux outils de géolocalisation, etc. Un marché très intéressant financièrement. C'est ce qu'on appelle le « New Space ».

Ce développement du New Space suscite des inquiétudes quant à l'encombrement et à la pollution spatiale qu'il génère.

On assiste en effet à une explosion du nombre de satellites en orbite autour de la Terre. Actuellement, on envoie 2 500 objets chaque année dans l'espace ! Jusqu'en 2018, ce chiffre ne dépassait pas 500. À la fin de leur mission, certains sont désactivés et se consument en entrant dans l'atmosphère terrestre. Mais de nombreux autres restent en orbite ou bien se fragmentent, formant une dangereuse nuée de déchets spatiaux.

> **« D'après l'ESA, pas moins de 36 000 débris de plus de 10 centimètres orbitent actuellement autour de la Terre. »**

D'après l'ESA, pas moins de 36 000 débris de plus de 10 centimètres orbitent actuellement autour de la Terre.

Ces déchets peuvent entrer en collision avec des satellites en activité, avec des fusées ou même avec la Station spatiale internationale. En 2009, un débris d'une ancienne fusée russe a percuté un satellite de télécommunications américain. Sa destruction a entraîné l'arrêt immédiat des communications. La collision a aussi généré plus d'un millier de nouveaux fragments. Cette pollution et l'encombrement croissant sur les orbites basses menacent l'accès à l'espace. Il faut urgemment réfléchir à un usage plus durable de nos activités spatiales.

D'où la nécessité de sortir ces enjeux des sphères d'expertise dans lesquels ils restent cantonnés ?

Je suis frappée de voir que les citoyens n'ont guère leur mot à dire dans le choix des grandes priorités de la recherche. Si on prend au sérieux la démocratie, ces choix devraient être davantage présents et débattus dans l'espace public, afin que la science serve au maximum l'ensemble de la population.

Il n'y a aucune raison qu'un régime d'exception existe pour le territoire spatial, uniquement parce que notre imaginaire en fait quelque chose de très extérieur. Il faut rendre visibles ces enjeux. Ce n'est qu'à partir de ce moment-là qu'ils peuvent être discutés, voire contestés. Les visions fantasmées ne permettent pas la mise en débat.

Et, pour une fois, essayons de ne pas commettre les mêmes erreurs que sur Terre : associons d'emblée à nos réflexions des objectifs de protection de l'environnement et d'équité. Il est essentiel que les activités spatiales profitent au plus grand nombre, afin de limiter les tensions.

Des tensions de quel ordre ?

Économiques, d'abord. Le marché des télécommunications, par exemple, attise de nombreuses convoitises. Mais je pense aussi

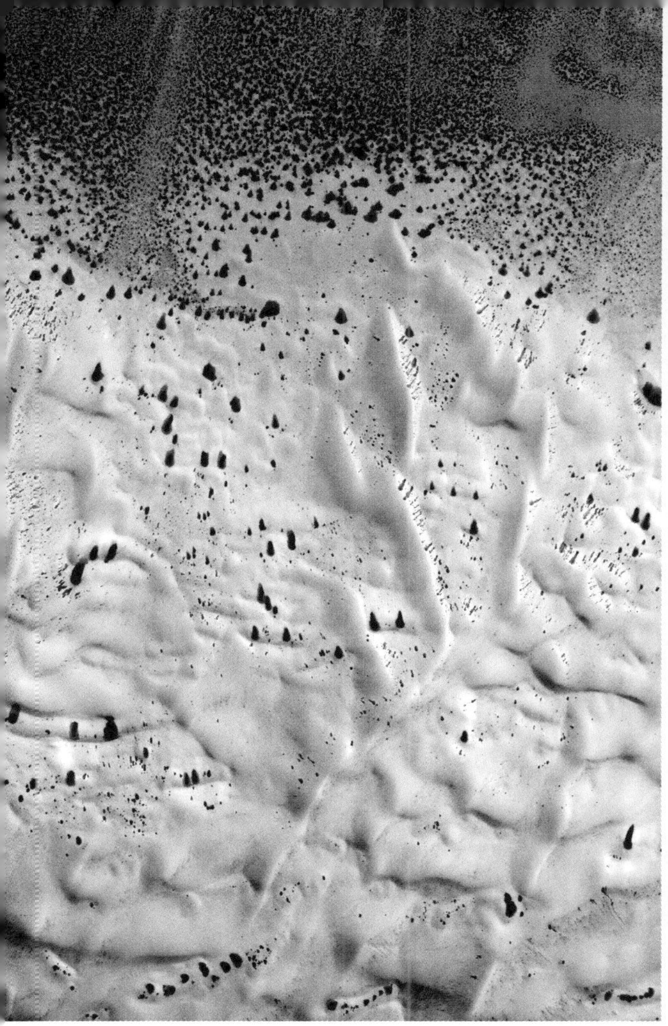

Halos saisonniers et figures fractales (gauche). Dégivrage d'un chenal et de dunes (droite).

aux tensions politiques : les États continuent de voir l'espace comme un élément clé de leur défense et de leur capacité militaire. L'espace n'est plus seulement un support pour les activités militaires terrestres : il devient aussi une zone où des conflits peuvent avoir lieu et qui suppose une capacité de défense. Il existe aussi des tensions autour des ressources naturelles présentes dans l'espace, en particulier des minerais lunaires. Ainsi, l'objectif affiché de la société privée japonaise Ispace est de permettre à ses clients de « *découvrir, cartographier et utiliser les ressources naturelles de la Lune* ».

Il faut rappeler ici un texte fondamental, une résolution des Nations unies de 1967, qui stipule que « *l'espace extra-atmosphérique, y compris la Lune et les autres corps célestes, ne peut faire l'objet d'appropriation nationale par proclamation de souveraineté, ni par voie d'utilisation ou d'occupation ni par aucun autre moyen* ». Mais jamais ce texte n'envisage d'autres acteurs spatiaux que les États. Il est donc clairement devenu obsolète.

Pour toutes ces raisons, il est urgent d'élaborer une nouvelle gouvernance collective, qui veille à ce que les activités spatiales des uns ne portent pas préjudice à d'autres. Au-delà des risques importants de collision déjà évoqués, la lumière artificielle des satellites complique les observations du ciel par les astrophysiciens. Il faudrait pouvoir réguler la coexistence de ces intérêts multiples, parfois contradictoires. Comment parvenir à faire émerger un espace comme bien commun, au sens économique et juridique du terme,

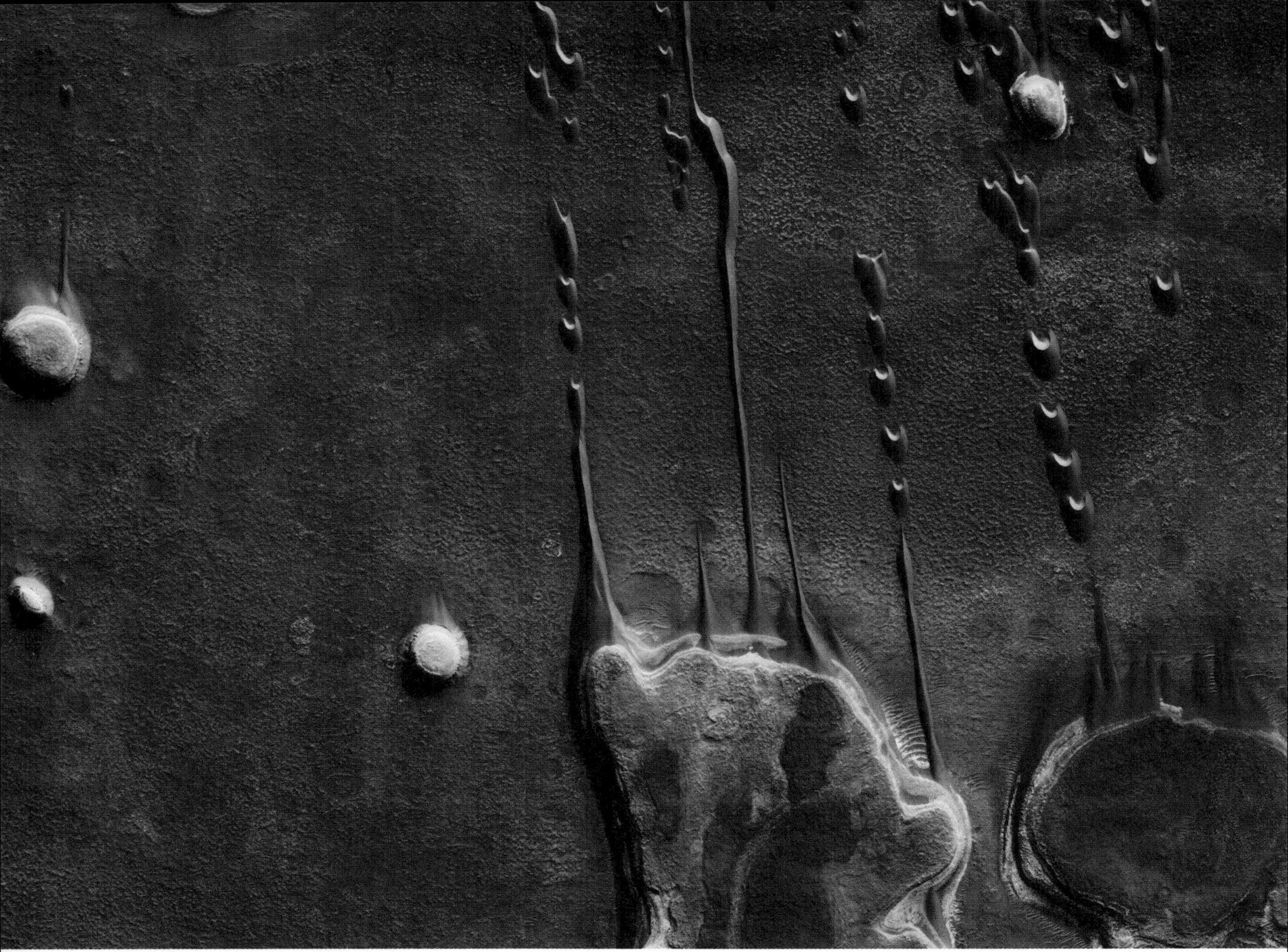

Barkhanes dans une zone de cratère.

face à la démultiplication des usages privés de l'espace, d'un côté, et aux ambitions des États, de l'autre ?

Vous proposez d'envisager l'espace comme un bien commun. Qu'est-ce que cela signifie ?

C'est l'une des questions fil rouge de notre chaire : à quelles conditions l'espace peut-il devenir un territoire ou un bien commun de l'humanité ? L'espace est un territoire nouveau auquel l'humanité s'est donné accès. Il nous faut donc d'abord définir son statut, *a minima* comme zone encadrée par un corpus juridique. Mais il faut aller plus loin : en nous appuyant sur la théorie économique et philosophique des biens communs, pouvons-nous définir une vocation à l'espace qui bénéficie au plus grand nombre ? Comment tirer toutes les ressources scientifiques et économiques de ce territoire sans le privatiser, le polluer et *in fine* compromettre sa stabilité ?

Un rapprochement intéressant peut être fait avec la haute mer ou avec l'Antarctique et les façons dont ces territoires sont collectivement gouvernés. Ils ont en effet plusieurs points communs avec l'espace : leurs ressources se trouvent hors des territoires nationaux, leur exploitation nécessite des moyens technologiques coûteux… Le traité sur l'Antarctique, signé à Washington en 1959, lui offre par exemple un régime juridique unique au monde, géré par l'ensemble des États parties. Ce texte fait du continent blanc un territoire protégé de toute appropriation, et les recherches qui y sont menées doivent l'être dans « *l'intérêt de l'humanité tout entière* ».

Face aux logiques d'intérêts privés ou étatiques, faudrait-il que les citoyens s'approprient collectivement l'espace ?

La question est moins de se l'approprier que de s'approprier les enjeux qui y sont liés, avec des choix à faire, des compromis, des articulations à trouver entre la croissance des activités qui répondent à des besoins – comme la géolocalisation ou les télécommunications – et des considérations environnementales et d'équité.

Prenons la question du tourisme spatial, qui peut paraître anecdotique mais qui est en réalité assez symbolique. Est-ce souhaitable de le développer si on tient compte de son coût environnemental ? Quelle utilité pour toutes celles et ceux qui n'y auront pas accès ?

Ce tourisme ne doit cependant pas être l'arbre qui cache la forêt. Toutes les activités spatiales doivent être reconsidérées au prisme de leur balance bilan carbone/intérêt général. Même les chercheurs qui utilisent des données satellitaires pour contribuer à la résolution des grands défis environnementaux sur Terre sont confrontés à ces compromis entre l'impact écologique de leurs travaux et l'objectif que ceux-ci servent. Le coût énergétique du traitement et du stockage des données générés par leurs instruments est loin d'être négligeable…

> **« Toutes les activités spatiales doivent être reconsidérées au prisme de leur balance bilan carbone/intérêt général. »**

Plusieurs acteurs clés de l'aérospatial français, dont Airbus ou ArianeGroup, financent votre chaire. Quel est l'intérêt de ces entreprises ?

Nos mécènes sont bien conscients du développement des nouvelles pratiques spatiales. Ils ont les capacités techniques et scientifiques pour s'y adapter. Toutefois, répondre à ces nouveaux défis nécessite d'en traiter également les dimensions humaines et sociales. C'est ici qu'ils trouvent un intérêt dans notre chaire, dont l'originalité est d'aborder la relation Terre-espace de manière pluridisciplinaire : économie, histoire, géopolitique, science politique, sociologie, philosophie, droit, cybersécurité, géosciences, sciences du climat et de l'environnement, sciences de l'univers, etc.

Autre intérêt pour eux : en ouvrant des postes de chercheurs, en développant de nouvelles formations, la chaire contribuera à susciter des vocations, à dénicher des talents dans toutes les dimensions du domaine spatial et à rendre davantage visibles les enjeux actuels, en particulier sociétaux, qui traversent ce secteur. XXI

Grise mine au Kosovo

Depuis son indépendance en 2008, le petit territoire d'ex-Yougoslavie, toujours disputé par son voisin serbe, rêve d'intégration européenne. Mais sa servitude au lignite, le charbon le plus polluant, continue d'obscurcir son horizon.

Textes Laurent Hazgui – Dessins Thierry Chavant

Y en a un qui arrive !
Je m'appelle Laurent Hazguí, je suis photojournaliste.
11 novembre 2023, Forum de Paris sur la paix, au palais Brongniart.
C'est le président de quel pays ?!!
À côté de mes travaux au long cours, je couvre l'actualité pour la presse française.
C'est Albin Kurti, le Premier ministre du Kosovo.
Il a l'air ravi.
Pour une fois qu'il est invité ! Biden ne l'a pas convié à son Sommet pour la démocratie en mars 2023.
Seuls 98 pays sur les 193 des Nations unies ont reconnu le Kosovo. Pour Kurti, se trouver ici est une reconnaissance.
Au Forum de la paix, il vient défendre la candidature de son pays à l'UE.

1- Bonjour. 2- Merci. 3- Président du Conseil européen.

Les deux dirigeants ont pourtant signé en ce sens l'accord d'Ohrid au printemps 2023. Mais le texte peine à être respecté.
Plus petit que l'Île-de-France et abritant 1,9 million de personnes, le Kosovo est majoritairement peuplé d'Albanais. Depuis la guerre de 1998-1999, subsistent des enclaves peuplées de Serbes, dans lesquelles vivent environ 100000 personnes.
Le conflit a pris fin avec les bombardements de l'Otan. Il a opposé l'armée yougoslave, à majorité serbe, à l'UÇK (Armée de libération du Kosovo), albanaise, et fait plus de 13000 morts, principalement albanais.
L'indépendance du Kosovo a créé un contexte de tensions latentes depuis 2008 qui ressurgissent à intervalles réguliers. La Serbie n'a pas reconnu le nouvel État.
Les enclaves serbes sont administrées par des institutions parallèles, utilisant la langue et la monnaie serbes. L'aide sociale ou l'immatriculation des véhicules sont assurées par Belgrade.
Une crise énergétique a surpris le Kosovo durant l'hiver 2022, avant le début de la guerre en Ukraine. Or l'énergie est aussi un sujet brûlant pour la candidature du pays à l'UE.

Entièrement dépendant du charbon pour son électricité, le Kosovo a connu des coupures de courant de deux heures par jour lors des hivers 2022 et 2023, en raison de la vétusté de ses centrales.
Le gouvernement a dû importer jusqu'à 40 % d'électricité, d'Albanie principalement, à l'hiver 2022. Une période où les prix de l'énergie ont quadruplé.
La société de distribution d'électricité du Kosovo (KEDS), détenue par un consortium turc, est allée jusqu'à interdire en janvier 2022 les activités numériques liées aux cryptomonnaies, trop consommatrices d'énergie.
Coup dur pour une population dont un tiers vit sous le seuil de pauvreté.
L'odeur âcre du charbon m'a toujours accompagné lors de mes reportages dans les Balkans, souvent effectués l'hiver, et notamment au Kosovo, dont le sol renferme 13 milliards de tonnes de lignite.
Elle imprègne la peau, les cheveux et les vêtements. J'ai développé pour elle comme une addiction.

La crise énergétique qui frappe l'Europe à la suite de la guerre en Ukraine me pousse à réaliser le travail au long cours sur le charbon que j'imaginais depuis longtemps.
Je veux raconter la dépendance du Kosovo au charbon et son impact géopolitique, économique et environnemental.
J'obtiens une bourse de travail du Centre national des arts plastiques (CNAP) et j'effectue plusieurs voyages entre décembre 2022 et juin 2023.
Nouvelle étape dans les Balkans occidentaux pour moi, une région que j'affectionne depuis l'enfance : les meilleurs amis de mes parents étaient yougoslaves.
YEA, I NEED YOU TO HATE SO I CAN USE YOU FOR YOUR ENERGY
Franc, Zora, c'est super de vous voir. Ça va, Ernest ?
Bienvenue, Laurent. Tu fais partie de la famille, tu sais !
Merde !
TUMP!
Une voiture française toute neuve sur ces routes pourries ! Quelle idée aussi de te trimbaler pour parler du fioul.
AMERICA'S GOT A THING FOR THIS GANGSTA'S SHIT, THEY LOVE ME
Quel intérêt ?
Du charbon.
Adem est mon fixeur. Il a de l'expérience.

Quand j'étais môme je me souviens que la fumée du charbon arrivait jusqu'à chez mon oncle !
BLACK CHUCKS, BLACK SKULLIES
La centrale était à plus de 40 km. Putain, tu t'rends compte ?!!
Pour Adem, le charbon est un non-sujet, il vit avec depuis toujours.
LEATHER PELLE-PELLE
I TAKE SPILLS OVER RAYMO SHIT, I'MA FA
Tu sais que j'étais au concert de 50 Cent en 2007 dans le stade de Pristina ?!
GOT THAT SIL
Y avait une ambiance de folie, 25000 personnes en plein air, y en avait qui dansaient en t-shirt malgré les -10 degrés !
EIGHT HAN
Tout le monde s'en souvient ici, c'était juste avant l'indépendance. La première fois qu'un artiste international venait et qu'on entendait parler du Kosovo !
THE WOMEN ON MY LIFE
Nous voilà arrivés dans l'antre du diable : Obiliq !
Autrefois fleuron de l'économie yougoslave, l'industrie du charbon a toujours été source de tensions entre les Serbes et les Albanais, tant les ressources du sous-sol kosovar sont convoitées.
LOOK AT ME
THIS IS THE LIFE I C

1- Compagnie d'électricité du Kosovo.

Les ressources en lignite du Kosovo représentent la cinquième réserve au monde, selon l'agence américaine pour le commerce international (ITA). Un trésor empoisonné pour une si petite nation.
La combustion du lignite, le charbon le plus nocif, engendre des gaz polluants comme le CO_2. Elle contribue au réchauffement climatique et génère des particules fines dangereuses pour la santé et l'environnement.
Les deux centrales au lignite, Kosovo A et Kosovo B, fournissent 90 % de l'énergie du pays. Elles datent de l'ère yougoslave, et sont souvent citées comme les plus polluantes d'Europe.
On dirait que les champs autour ne sont pas cultivés...
Vous voyez les maisons ? Des retraités de la centrale y habitent.
En 2023, la KEK comptait 3200 employés.
Le lendemain à la centrale, je rencontre Nexhat Llumnica, le président du Nouveau Syndicat de la KEK. Je l'interviewe sur le vieillissement des infrastructures.
Les gouvernements ne se soucient pas de nous. Les dirigeants qui passent par la KEK sont juste intéressés par le profit, au détriment de la sécurité et de la santé des ouvriers.
Traduisez : le système est frappé par une corruption généralisée.

Tous les investissements ont été stoppés ces dernières années alors qu'il y a de l'argent dans les caisses. Parfois, des machines ne fonctionnent plus car les pièces de rechange ne sont pas achetées.
Les chaudières de la centrale de Kosovo A doivent être changées dans les cinq ans. Sinon, elle s'arrêtera de tourner...
Laurent, on est obligé de la faire dehors, cette photo ?!
On risque de nous voir, dépêche-toi !
Bon, c'est fait ? J'y vais !
Heu... Attendez...
Bekir Gërguri, ancien candidat du mouvement Vetëvendosje aux élections municipales, a été nommé au poste de directeur.
La question de l'énergie au Kosovo est un sujet sensible, très lié au politique.

Non loin des centrales, à 15 km de Pristina, se trouve le site de Sibovc, la plus grande mine à ciel ouvert du pays, qui a pris le relais de celles de Mirash et de Bardh i Madh, épuisées.
Laurent, j'ai pas eu de réponse à mes demandes d'autorisation pour entrer dans la mine.
On va faire le tour en bagnole, je shooterai de l'extérieur.

Le site est gigantesque. Il fait 9 km².
On se croirait dans le film Transformers.
Sauf qu'ici, ce sont bien des humains qui détruisent la planète.
T'as vu, on aperçoit les immeubles de la capitale, là-bas !
On n'est pas loin du village d'Ade, n'est-ce pas ? J'ai lu des articles qui parlaient de ce qui s'y passe. Tu pourrais m'y emmener ?

On dirait un décor de fin du monde.
Les habitations dont les propriétaires ont été expropriés ont été endommagées après leur départ. Pour éviter toute réinstallation.
Les champs aussi sont abandonnés.
La mine grignote le village inexorablement.
Bonjour, je m'appelle Blerim Preniqi, j'ai 34 ans. J'ai toujours vécu ici, comme mes ancêtres depuis deux cents ans !
Autrefois ce village était magnifique, rempli de vie ! 500 familles y habitaient avant la guerre, dont 70 % travaillaient à la KEK. Elles ne sont plus que 17. Mais venez avec moi, je vais vous montrer quelque chose...
La centrale pollue la terre et la nappe phréatique.

Voici ma maison. Elle est coincée à l'ouest et au sud par la mine et à l'est à 2 km par le site de déchets miniers de la centrale !
La KEK a commencé à exproprier les habitants du village en 2004 pour l'extension de la mine de Sibovc. Depuis, on vit un cauchemar éveillé.
Je travaille comme manager de restaurant à Pristina. Cela fait vingt ans que l'on attend une promesse de relocalisation ou une vraie proposition d'indemnisation.
Ils calculent les mètres carrés à très bas prix. Vous ne pouvez même pas acheter un appartement en surface équivalente ailleurs.
Ici, il n'y a plus d'école, ni de centre de santé, ni de transports, ni de commerces, ni d'eau potable. Le bruit et la poussière générés par les bulldozers ont des conséquences graves sur notre santé.
Ma mère souffre d'une maladie respiratoire. Notre vie est paralysée, on ne peut pas agrandir la famille.
Nous sommes dans les limbes.

Pour pallier le vide, une forte solidarité s'est installée dans le village. Les derniers habitants ont rencontré à de nombreuses reprises les institutions locales et gouvernementales. Et même la Banque mondiale.
Chaque rendez-vous s'est soldé par des promesses sans lendemain, laissant les habitants dans le flou.
Dépendant du charbon, la production d'électricité a toujours été un sujet de tensions avec la Serbie, mais aussi un souci quotidien. C'est en 2007, à Pristina, que je découvre ce petit pays, ses routes défoncées, son absence d'éclairage public...
Jeune photojournaliste, je peine à comprendre la situation de ce territoire écartelé alors entre autorités internationales et locales - serbes et albanaises.
Dans cette période de pré-indépendance, l'ambiance est morose chez les humanitaires que je rencontre.
À côté de l'indépendance, l'électricité 24 h/24 h fait partie des promesses du candidat aux législatives, Hashim Thaçi, me raconte-t-on.
KOSOVA

1- Autodétermination.

Pendant des années, les incertitudes et les tensions politiques ont masqué les questions environnementales et sanitaires.
Mais la perspective d'une adhésion à l'UE les rend désormais incontournables.
Chez les Kosovars, le sujet des risques liés à la pollution est clivant.
Aujourd'hui, en 2023, tout le monde semble être au courant. Des médias indépendants en parlent, les réseaux sociaux s'en font l'écho.
TOUSSE! TOUSSE!
Mais la pauvreté galopante pousse au principe de réalité : l'emploi passe avant la santé dans ce pays. Une situation qui me perturbe.
TOUSSE!

Quand j'entends parler de Gazmend Zhuri dans un article scientifique, je décide d'aller le rencontrer à son cabinet dans une clinique privée de Pristina, à 5 min de l'appartement que je loue.
Patient suivant ! Monsieur Hazgui ?...
Je suis pneumologue et spécialiste des maladies respiratoires. Je suis l'un des premiers dans le pays à avoir alerté du lien entre pollution et risques sanitaires.
En 2010, avec Liriana Bajraktari, nous avons mené une étude pour comparer les chiffres de cancers entre Obiliq et Prizren, ville sans industrie lourde, entre 2006 et 2010. Le taux de cancer à Obiliq était six fois plus élevé qu'à Prizren.
Une conclusion qui s'ajoute aux rapports alarmants, comme celui de Bankwatch, en 2023.
Selon le réseau écologiste européen, le Kosovo continue de dépasser largement les plafonds fixés par l'UE pour les trois polluants liés au charbon : le dioxyde de soufre (SO_2), les poussières et les oxydes d'azote (NO_x).
Les émissions de poussières sont 4,3 fois supérieures au plafond national et ont toujours été le plus gros problème du pays.
Mais en 2022, les émissions de SO_2 et de NO_x, respectivement 1,8 fois et 1,68 fois supérieures au plafond national, ont également augmenté de manière significative par rapport à 2021.

Vous savez que je suis à trois jours de la retraite ?! J'ai 65 ans !
Même ici dans ma maison, sur les hauteurs de Pristina, on sent les poussières des centrales.
Ymer Iërnava est ingénieur à la KEK.
Quarante ans de travail m'ont donné ce cancer comme cadeau de départ.
J'ai commencé à avoir des douleurs aux poumons dans les années 1990. La médecine du travail disait que c'était pas grave.
Mon grand-père, mon père, ma mère, un de mes cousins ont tous eu un cancer... Comme moi, mon père et mes cousins ont fait toute leur carrière à la centrale.
KOSOVA
9

Son cancer n'a pas été déclaré en maladie professionnelle, mais la KEK continue à lui verser son salaire, tant le sujet est tabou pour ses dirigeants.
Je ne vais pas poursuivre en justice la main qui m'a nourri pendant des années !
Ymer est fataliste sur l'évolution de sa santé alors qu'une rechute se profile.
La situation doit cesser. Je ne suis pas contre l'électricité au charbon, mais les responsables doivent appliquer toutes les mesures de sécurité comme le fonctionnement des filtres en permanence.
Il devrait y avoir plus de contrôles. C'est de santé publique dont nous parlons.
La situation d'Ymer est typique des difficultés des salariés de la KEK, si on en croit le syndicaliste Nexhat Llumnica, président du Nouveau Syndicat de la KEK.
Je défends avant tout le travail de mes collègues. Mais le manque d'inspecteurs du travail empêche d'établir les responsabilités quand il y a un accident !
On ne sait jamais qui est coupable. Chaque année, 1 % des salariés de la KEK décède... dont 90 % d'entre eux d'un cancer lié à leur travail, aux fumées et aux gaz brûlés qu'ils inhalent.
Les salariés sont au courant mais, sans autre source de revenus, ils ne peuvent pas quitter leur emploi. Une chose est sûre, mes enfants ne travailleront jamais à la KEK.

Les années 2023 et 2024 soufflent le chaud et le froid sur le plus petit des pays de l'ex-Yougoslavie. Le mois de septembre 2023 est particulièrement tendu entre la majorité albanaise et la minorité serbe.
En cause, l'immatriculation des véhicules dans les enclaves serbes, mais aussi la circulation des véhicules kosovars en Serbie - question au cœur des enjeux nationalistes. Un accord a été signé en 2022, mais pas appliqué.
Le début d'année 2024 accouche de deux nouvelles inespérées : le président serbe Aleksandar Vucic autorise finalement l'application de l'accord sur les plaques d'immatriculation, les citoyens albanais du Kosovo accèdent enfin aux visas de tourisme pour voyager dans l'espace Schengen.
Sur le front de l'énergie, la période est également riche. D'abord, parce que le contentieux sur le paiement de l'électricité par la minorité serbe, qui a coûté 320 millions d'euros à l'État kosovar, est en passe d'être réglé.
L'intervention de la Turquie a permis la signature d'un contrat commercial entre la société kosovare KEDS et la société serbe Elektrosever, pour que cette dernière assure désormais la distribution dans les enclaves serbes.
KEDS

Ensuite, parce que le Parlement du Kosovo approuve en mars 2023 une nouvelle stratégie de transition énergétique jusqu'en 2031.

Elle prévoit un mix énergétique plus diversifié : éolien, énergie photovoltaïque, biomasse, pour sortir à terme du charbon. Et cesser le développement de l'hydroélectricité en raison de ses impacts environnementaux - le pays souffre de stress hydrique.

La perspective est difficile à imaginer, tant la dépendance du pays au charbon est forte, mais elle rassure l'UE. Accaparée par la guerre en Ukraine, celle-ci redoute un deuxième front en ex-Yougoslavie, la Serbie étant proche historiquement de la Russie.

La fin annoncée du charbon suscite chez moi le désir de retourner bientôt au Kosovo pour documenter ce changement. Mais aussi pour suivre le destin des habitants pris entre les volutes de fumées mortifères, un quotidien où l'argent se fait rare et l'espoir d'intégrer l'UE.

Les familles d'Ade, comme celle de Blerim Preniqi, le manager de restaurant, attendent toujours une relocalisation ou une indemnisation.
Selon elles, une nouvelle compensation serait à l'étude.
Méfiant, le manager porte également ses espoirs sur d'autres solutions.
Pourquoi ne pas vendre notre charbon à un autre État, comme la Macédoine du Nord, pour doper les ventes ?
Son avocat lui conseille aussi de s'intéresser aux violations du droit international dans cette affaire. Avec la possibilité de porter plainte devant la Cour de justice de l'UE.
Si la candidature du Kosovo à l'UE aboutit un jour...

Vingt-cinq ans de présence internationale

MINUK Le 10 juin 1999, à la fin de la guerre du Kosovo, la province est placée sous administration internationale par la résolution 1244 du Conseil de sécurité des Nations unies qui crée la Minuk (Mission d'administration intérimaire des Nations unies au Kosovo). Cette dernière assure une autonomie au peuple du Kosovo au sein de la Serbie-et-Monténégro – nom de la Serbie de 2003 à 2006. Elle exerce notamment les fonctions de maintien de l'ordre, d'administration et d'aide humanitaire. Et renforce les institutions ainsi que le développement économique, dans l'optique d'une auto-administration.
KFOR Cette force armée multinationale est déployée par l'Otan à partir du 12 juin 1999, sur mandat du Conseil de sécurité des Nations unies, pour garantir la paix et la liberté de mouvement dans le pays. Toujours active, elle compte environ 4500 militaires issus de 28 pays. La France s'est retirée en 2014.
EULEX Cette mission civile de l'UE au Kosovo a pris le relais de la Minuk sur les questions d'État de droit en 2008. Ses compétences ont concerné les questions de justice, de police et de douanes jusqu'en 2019, où son pouvoir exécutif a été transféré aux autorités kosovares.

Le solaire se lève à l'Est

Le premier champ éolien du Kosovo a vu le jour en 2021, à 40 kilomètres de Pristina, la capitale. Pourtant, c'est l'énergie photovoltaïque qui se développe le plus rapidement – le pays bénéficie de 220 jours d'ensoleillement par an. Plusieurs projets ont d'ores et déjà été concrétisés, comme le toit de l'hôtel Gracanica dans une enclave serbe proche de Pristina ou le toit du centre commercial d'Abi Çarshia, à Prizren. Un premier appel d'offres pour construire des installations solaires a été lancé par l'État en 2023, et d'autres vont suivre. Le projet Solar 4 Kosovo, initié en 2022 par les autorités avec le soutien de l'Union européenne (Western Balkans Investment Framework) et du gouvernement allemand, devrait fournir le chauffage d'environ 38000 habitants dans la capitale en 2026. L.H.

Le Kosovo en 8 dates

1999

Fin de la guerre du Kosovo. Le conflit a opposé pendant quinze mois l'armée fédérale yougoslave à majorité serbe à l'UÇK (Armée de libération du Kosovo) à majorité albanaise.

2008

Indépendance du Kosovo. Une centaine d'États reconnaissent aujourd'hui le pays, dont les États-Unis. D'autres s'y refusent, comme la Russie, la Chine ou cinq pays de l'UE (l'Espagne, la Grèce, la Roumanie, la Slovaquie et Chypre).

2016

Accords de stabilisation et d'association (ASA) entre l'UE et le Kosovo. Ils ont notamment pour but de renforcer la démocratie et l'État de droit, de stabiliser la région et d'établir progressivement une zone de libre-échange entre les deux parties.

2018

Sommet UE-Balkans occidentaux de Sofia. Y est notamment réaffirmée *« la perspective européenne »* de six États de la région (Kosovo, Albanie, Bosnie-Herzégovine, Serbie, Monténégro, Macédoine du Nord).

2020

Lancement du Pacte vert pour l'Europe. Visant à engager l'UE sur la voie de la transition écologique, il établit comme objectif la neutralité carbone d'ici 2050.

2021

Dans un rapport, l'UE prend acte du projet de candidature du Kosovo. Comme préalable, il demande au pays de normaliser ses relations avec la Serbie.

2022

Le pays dépose sa demande d'adhésion à l'UE.

2024

Le régime de dispense de visa de l'UE pour le Kosovo entre en vigueur.

« Notre pays a été forcé de se lancer dans la transition énergétique »

GRANIT GASHI, environnementaliste kosovar salarié par la Fondation Heinrich Böll, analyse les vents contraires qui soufflent sur la production d'électricité.

Comment le Kosovo envisage-t-il son avenir énergétique ?

La stratégie mise en place en 2023 par le nouveau gouvernement kosovar définit une trajectoire jusqu'en 2031. Elle repose sur la décarbonation à terme du pays sans recourir à des combustibles fossiles de transition, ce qui a surpris la société civile. Pendant la campagne des législatives de 2021, le parti Vetëvendosje d'Albin Kurti faisait l'éloge du charbon comme identité nationale. Mais les députés sont aujourd'hui confrontés à la réalité géopolitique : la guerre s'est installée en Ukraine et les relations se sont tendues avec l'Union européenne. Notre pays a été forcé de se lancer dans la transition énergétique. Le Kosovo est un petit pays, qui dépend beaucoup des fonds internationaux.

Cette stratégie est-elle réaliste ?

Pas si l'on continue à utiliser de manière intensive la centrale au lignite Kosovo B pendant encore vingt ans sans la rénover. Par ailleurs, la réduction des poussières produites par les centrales, avec la mise en place de filtres ces dernières années, ressemble à du *greenwashing*. Il n'y a aucun organisme de contrôle public. Idem pour les zones protégées (parcs nationaux, réserves…), qui représentent 10 % de la superficie du pays : nous n'avons aucune estimation du travail de surveillance effectué par le ministère de l'Environnement.

Où en est-on des énergies renouvelables ?

Le pays a pris un mauvais départ au début des années 2010 avec la décision de renforcer la production d'hydroélectricité, alors que le pays souffre de stress hydrique. En 2021, cette source d'énergie représentait 5 % de la production d'électricité du pays, avec l'exploitation de mini-centrales néfastes pour l'environnement : rivières asséchées, déforestation et eau potable polluée. L'État a abandonné cette énergie dans sa nouvelle stratégie, pour se tourner vers l'éolien et le solaire, à l'image du projet Solar 4 Kosovo. C'est un motif d'espoir. **Propos recueillis par Laurent Hazgui**

À lire, à écouter, à voir

Radical Optimism
Album de Dua Lipa
Warner Records, 2024
La chanteuse britanno-albanaise, née de mère kosovare et de père bosniaque, sort en 2024 son troisième opus avec en tête de gondole le fiévreux single « Houdini ». La popstar mondiale aux 3 Grammy, 7 Brit Awards et 88 millions de followers sur Instagram a reçu en 2022 le titre d'ambassadrice honorifique du Kosovo.

Notre monde
Film de Luàna Bajrami
France-Kosovo, 2023
En 2007, alors que se profile l'indépendance du Kosovo, Zoé et Volta quittent leur campagne pour rejoindre l'université de Pristina, l'espoir d'une nouvelle vie chevillé au corps. Chronique d'une jeunesse en quête de liberté dans un pays brisé, par la brillante actrice et réalisatrice Luàna Bajrami, déjà remarquée pour son premier film, *La Colline où rugissent les lionnes*.

Retour au Kosovo
BD de Jorge González et Gani Jakupi
Éd. Dupuis, 2014
Exilé en Espagne, Gani Jakupi est envoyé au Kosovo en reportage avec un photographe à la fin du conflit en 1999. Un carnet de route douloureux pour ce retour en terre natale où le journaliste découvre l'ampleur des stigmates de la guerre, durant laquelle une dizaine de membres de sa famille ont été assassinés. Un récit poignant, magnifié par le dessin de Jorge González.

Avril brisé
Roman d'Ismaïl Kadaré
Éd. Livre de poche, 1983
Gjorg, jeune montagnard des hauts plateaux d'Albanie, est pris dans la tourmente de la vendetta, selon le code du *Kanun*, après avoir vengé la mort de son frère. Son histoire s'entrechoque avec celle d'un couple en voyage de noces venu étudier les coutumes ancestrales. Ce roman est un indispensable de l'écrivain albanais naturalisé français récemment disparu.

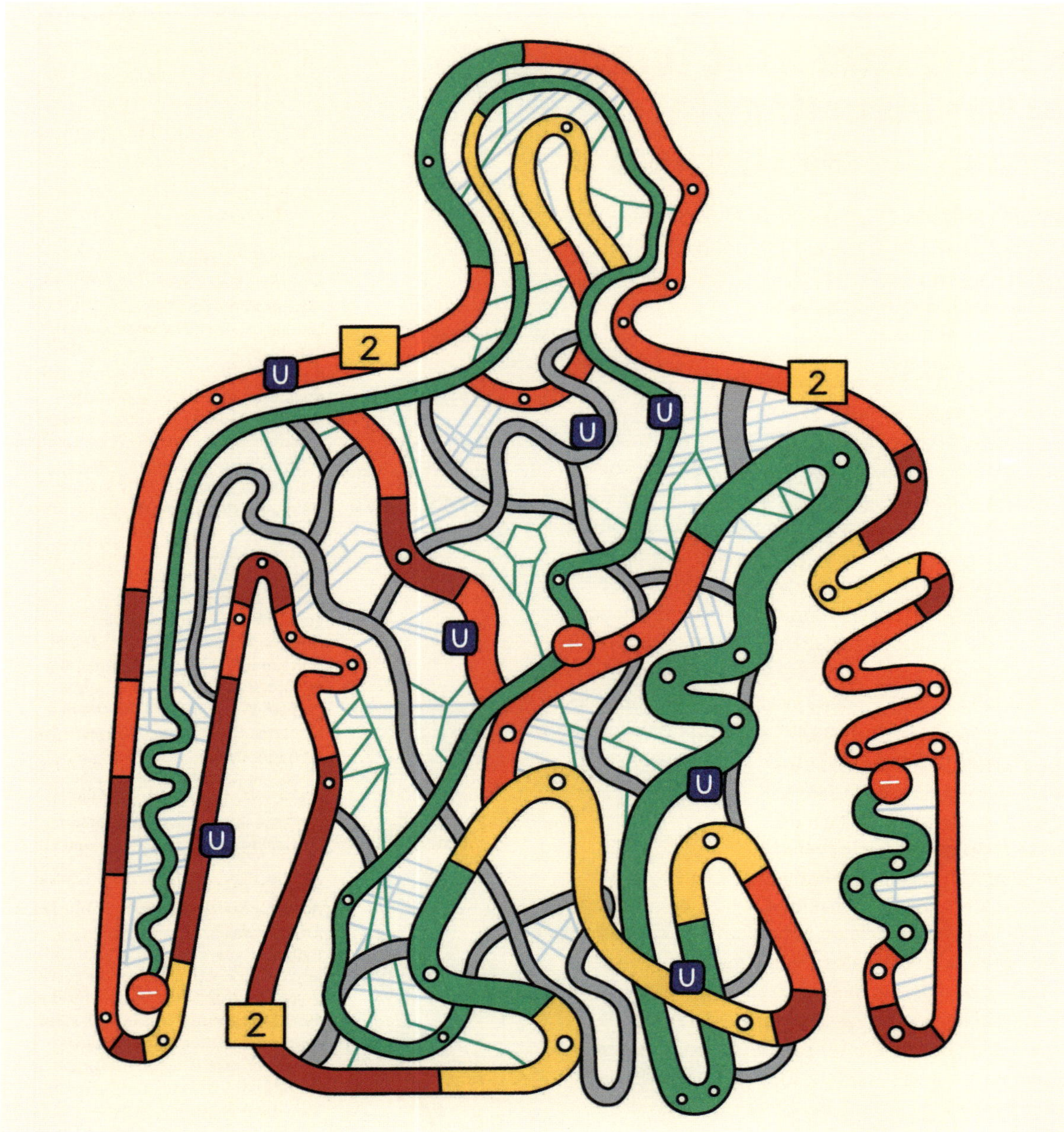

LA VRAIE VIE DES ALGORITHMES

Google Maps perd le nord

L'artiste allemand **Simon Weckert** s'est rendu compte qu'il était possible de duper la célèbre application de cartographie. Depuis, il enchaîne les expériences. Et nous fait réfléchir sur notre rapport au territoire.

Propos recueillis par Nicolas Gastineau — Illustration Cristina Spano

Dans l'une de ses nouvelles fantastiques, l'écrivain argentin Jorge Luis Borges s'amuse à imaginer une carte à la même échelle que le paysage représenté. Une carte si minutieuse, si parfaite, qu'elle devient l'exacte copie du réel et que l'humain peut s'y promener. La carte finit par remplacer le territoire. Pour l'artiste allemand Simon Weckert, ce n'est pas une fable, mais la question que soulève la plus célèbre application de cartographie mondiale, Google Maps. L'outil ne se contente pas de figurer notre environnement, il l'organise et guide nos pas. Nous nous fions si bien à lui que nous oublions parfois qu'il n'est pas le territoire lui-même, mais seulement sa représentation, alimentée par nos données. Pour que personne n'oublie ce décalage, Simon Weckert, qui manie aussi bien l'image que le code informatique, a fait dérailler l'algorithme de Google Maps en 2020. Et, depuis, il continue les expériences, à mi-chemin entre le numérique et le monde physique.

« Les gens l'ignorent souvent mais, sur Google Maps, chaque internaute voit les cartes – de villes, de routes, d'États, de continents… – dans la version du pays depuis lequel il se connecte. La carte d'un même lieu peut donc varier. En 2019, j'ai créé un algorithme qui a scanné tous les Google Maps nationaux et qui a relevé leurs différences. En me penchant sur les zones contestées du globe, j'ai réalisé par exemple que la version russe de l'application fait appartenir la Crimée à la Russie tandis que, dans la version ukrainienne, la région est séparée par des pointillés pour indiquer que son appartenance est indéterminée. De la même manière, la région de l'Arunachal Pradesh appartient à l'Inde dans la version indienne et à la Chine dans son pendant chinois, avec des frontières différentes et même un cours d'eau qui disparaît ! Or, c'est Google qui a la main sur les tracés…

Pour créer un embouteillage virtuel, j'ai disposé 99 téléphones dans une petite brouette qu'un ami a promenée dans Berlin.

La même année, j'étais en train de participer à la manifestation du 1er-Mai à Berlin quand je me suis aperçu que Google Maps indiquait un embouteillage à l'endroit où nous passions. Je savais que Google traçait les téléphones. Mais j'ignorais qu'il ne faisait pas la différence entre un téléphone porté par un individu et un autre embarqué dans une voiture. Ça m'a donné l'idée de déclencher mon propre embouteillage virtuel.

J'ai disposé 99 téléphones dans une petite brouette qu'un ami a promenée dans Berlin sous l'œil de ma caméra. Il a d'abord marché lentement, s'est arrêté, puis est reparti, pour simuler le comportement d'une voiture dans un bouchon. Et ça a marché. Google Maps s'est mis à colorier les rues que nous traversions du rouge de l'encombrement. Rapidement, notre petit attelage est devenu un puissant repoussoir : les lieux se sont vidés de leurs voitures, le très fréquenté pont Schilling, dans le quartier branché Friedrichshain, est devenu désert. Ce jour-là, tous les conducteurs du coin ont dû prendre des routes alternatives.

Je n'ai pas choisi l'itinéraire au hasard. Quelques années auparavant, Google avait annoncé qu'il allait ouvrir de grands bureaux à Berlin, mais le projet avait suscité une forte résistance : les habitants craignaient que le quartier choisi, Kreuzberg, se gentrifie avec l'arrivée de centaines d'employés de l'entreprise. Google a reculé, sans un mot, et a finalement ouvert ses bureaux à Mitte, dans le centre de Berlin. À l'adresse, il n'y a ni panneau ni affiche. Avec les lignes rouges de mes embouteillages virtuels, j'ai tracé un cercle autour de ces bureaux fantômes pour attirer l'attention des Berlinois.

Mais ce hack facile pourrait avoir mille autres usages, et j'ai eu quelques demandes curieuses. Une célèbre marque de bière brésilienne m'a proposé de venir à São Paulo chasser les voitures d'une rue bondée de bars pour un happening commercial. Une ONG française m'a sollicité pour vider la rue d'une école primaire afin de sensibiliser la population aux accidents de la route. J'ai décliné ces offres. Mon ambition est plus simple. Avec cette performance, j'ai voulu rendre évident, sans concept compliqué ni grande théorie, le pouvoir que détient une entreprise privée : elle modèle la vie sociale et la façon dont nous occupons nos villes. XXI

ELLES ET ILS ONT CONTRIBUÉ À CE NUMÉRO

COUVERTURE

Antoine Moreau-Dusault

J'ai mis dans mon shaker un tiers de Jack Kirby – le génial inventeur de super-héros des comics américains – et deux tiers de manga. J'ai bien secoué pour une couverture explosive.

Paranoïa à Addis-Abeba

Antoine Galindo

À bas bruit, l'Éthiopie se délite. Et, avec elle, une partie du continent africain vacille. Tant bien que mal, je tente d'en faire la chronique depuis une dizaine d'années. Je ne pensais pas un jour raconter un bout de cette histoire à la première personne.

Claire Malary

Bien que le contexte géopolitique de l'Éthiopie soit complexe, cet article a un fort potentiel narratif. Plus qu'une illustration littérale, il me fallait une idée visuelle suivant le parcours d'Antoine Galindo et reliant les images entre elles. **(p. 18)**

Des souris et des mômes

Rémi Bayol

Une histoire d'outsiders à suspense. Quoi de mieux pour raconter de l'intérieur l'univers impitoyable du jeu ? Pour mon premier reportage dans *XXI*, j'ai dû parler globish et regarder des garçons de 20 ans s'affronter pendant des heures.

Vincent Roché

Comme Rocky, le geek n'est plus un loser mais un champion. La star du moment. À travers ses lunettes cul de bouteille, cliché ultime du *nerd*, il soutient le regard du lecteur, l'air de dire : *« Maintenant, c'est moi le boss. »* Un petit sourire narquois en plus. **(p. 34)**

Pour une grosse poignée de clics

Clément Fayol et Nicolas Gastineau

La Karmine Corp a très vite intéressé la presse, mais tous les articles nous semblaient admiratifs, fascinés, presque promotionnels. Il était temps de percer le mur de la communication.

Chantall Veerman

Je ne suis pas une fan d'esport, mais l'histoire des deux jeunes fondateurs de Karmine m'a frappée, de même que leurs vidéos sur TikTok ou YouTube. Le récit a été simple à illustrer, en partant du bleu, la couleur du club. **(p. 44)**

Y a-t-il un shérif dans l'arène ?

Clément Fayol et Nicolas Gastineau

L'association France Esports avait été adoubée par l'Élysée. Mais en fouillant, on s'est rendu compte qu'elle ne satisfaisait plus grand monde. On a cherché à savoir ce qui posait problème.

Killian Pelletier

Dans mes essais, j'ai travaillé sur de fausses perspectives, à plat, comme un Giotto du XIIIe siècle. En lisant ce récit, je me suis rendu compte que je n'étais plus à la page, moi qui ai beaucoup pratiqué les jeux vidéo dans ma jeunesse. Je me suis inspiré de mes souvenirs des jeux de gestion, de leurs compteurs de points de force et de faiblesse pour les personnages. **(p. 56)**

RÉCIT PHOTO

Ma caisse, ma bataille

Mario Heller

Les lowrideuses que j'ai rencontrées sont des femmes qui construisent leur vie autour de cette passion. Elles se lèvent tôt tous les week-ends et font des kilomètres pour participer à des événements. La diversité des parcours est incroyable. **(p. 70)**

LA VOIX EST LIBRE

« Petite, j'avais une image glaciale de la mort »

Pauline Gabinari

Foire du livre de Brive. Quelques étoiles dans les yeux, Emmanuelle me raconte les aventures de sa sœur : réparation d'un tibia de saint en haute montagne, scan de momie… Quelle femme pouvait bien se cacher derrière ces folles histoires ?

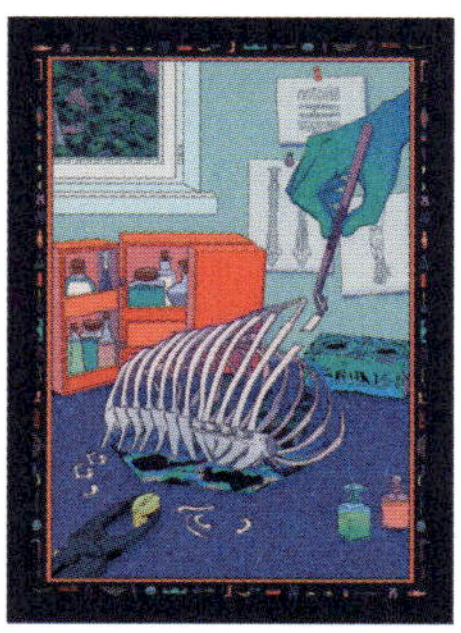

Adeline Schöne

Le désir de Laure Cadot de prendre soin des morts et de les rattacher à la vie m'a touchée. J'ai voulu magnifier les restes organiques et les objets mortuaires pour donner l'impression de boîtes qu'on ouvre, comme des sarcophages au fond desquels tout est disposé avec soin. (p. 90)

L'armée du poète

Guillaume Pajot

Je couvre la Birmanie depuis une dizaine d'années. Et rares sont les histoires aussi puissantes que celle de Maung Saungkha, quand le destin d'un homme raconte la transition démocratique ratée d'un pays, son basculement dans la guerre. J'ai passé une semaine mouvementée en compagnie du poète.

Julien Causse

Pour mon illustration, j'ai emprunté au langage iconographique militaire et guerrier. La scène se passe devant un monastère bouddhiste ; elle interpelle. Le poète épris de liberté et de justice écrit dorénavant l'histoire de son pays par ses faits d'armes.

Ta Mwe

Lors de mon voyage dans la jungle profonde de l'État karen, j'ai pu constater que de plus en plus de jeunes rejoignent la résistance. Des jeunes désireux de restaurer la liberté et la démocratie, qui se préparent pour la prochaine phase de la révolution. (p. 98)

Le fer de Lens

Clémence de Blasi

Que vient faire dans le Pas-de-Calais un financier bourgeois, amateur de théâtre et d'opéra ? J'ai adoré explorer le projet de Joseph Oughourlian pour le RC Lens, un club aussi célèbre pour son histoire minière que pour la ferveur de ses supporters.

Jeanne Guerard

J'ai voulu mettre en scène Joseph Oughourlian avec une touche d'humour, comme un homme prêt à jouer sur le terrain. J'ai opté pour une esthétique colorée façon *Pif Gadget*, dans un univers résolument décalé. (p. 116)

L'IA en mode commando

Frédéric Filloux

Le laboratoire d'intelligence artificielle Kyutai ne ressemble à rien de connu : une quinzaine de chercheurs de haut niveau travaillant tels des moines modernes dans une structure financée par des mécènes.

Sophie Della Corte

Représenter l'IA est un défi pour moi : déjà, je suis perplexe sur son utilisation future ; et son immatérialité la rend complexe à dessiner. J'ai joué sur des compositions valorisant l'humain tout en insérant microprocesseurs, circuits imprimés, claviers… Autant d'outils concrets qui font l'IA. (p. 122)

RENCONTRE

« Un Européen utilise chaque jour une cinquantaine de satellites »

Lise Barnéoud

En sortant du bureau de Stéphanie Ruphy – occupé autrefois par Louis Pasteur ! –, j'ai réalisé une chose étrange : nous voyons de moins en moins le ciel à cause de la pollution lumineuse, mais le ciel nous observe de plus en plus, avec ses milliers de satellites.

Olivier Dangla

J'ai aimé travailler le regard doux de Stéphanie Ruphy et son sourire. Son écharpe ajustée donne le ton de l'automne qui s'annonce. (p. 136)

BANDE DESSINÉE

Grise mine au Kosovo

Laurent Hazgui

C'est la première fois que je travaille sur un reportage en BD. Grâce à Thierry Chavant, j'ai pu retracer quinze ans d'intérêt personnel et journalistique pour le Kosovo. Avec un fil rouge : le charbon, matière picturale qui prend une autre dimension par le dessin.

Thierry Chavant

Avant les « aventures de Laurent dans les mines du Kosovo », il y avait celles du célèbre reporter blond avec une houpette, qui cherchait aussi à résoudre des énigmes. J'ai été son Haddock ivre de dessin – au graphite, bien sûr. (p. 146)

Lindokuhle Sobekwa a photographié le township de son enfance, à Johannesburg, pendant le confinement de 2020. Confrontés à des coupures d'eau et d'électricité, les habitants ont posé des pierres sur la route pour empêcher la police, très présente, de passer.

LINDOKUHLE SOBEKWA / MAGNUM PHOTOS

La photo dans tous ses états

Récit au long cours d'un photojournaliste ou analyse d'image par le fondateur de l'agence VU : chaque mercredi, Revue21.fr a rendez-vous avec la photo.

La nouvelle version de Revue21.fr nous donne l'occasion d'affiner notre politique photographique. Avec toujours la même ambition : vous surprendre.

Le photojournalisme vous plaît ? Découvrez chaque mercredi le travail d'un photojournaliste de talent sur Revue21.fr. Sous deux formats : le « Récit photo » et « L'Œil de XXI », désormais en alternance une semaine sur deux.

XXI braque son projecteur sur les coulisses et les interstices de notre société dans le **Récit photo**. Ancré dans l'époque, issu du travail au long cours d'un photographe, ce portfolio vous permet de découvrir des histoires peu relayées dans la presse française. Que ce soit sur les décors dans lesquels les soldats américains s'entraînent, la montée de la mer au Bangladesh qui manque paradoxalement d'eau potable ou les ouvrages d'art inachevés en Italie, pour cause d'argent détourné.

L'Œil de XXI, qui reste en accès libre, se métamorphose également pour plus de cohérence. Un mercredi sur deux, Revue21.fr se penche sur une image puissante – déjà iconique ou non – pour la décrypter. Pourquoi cette photo nous parle-t-elle, nous remue-t-elle ? Composition, lumière et symboles sont examinés en puisant dans l'histoire de la peinture et de la photographie. Cette analyse, courte et accessible, est signée Christian Caujolle, photojournaliste, fondateur de l'agence VU, et ancien directeur artistique des Rencontres d'Arles.

Encore plus beau Revue21.fr

Mise en page, navigation, contenus… Cet automne, notre site a fait peau neuve.

Depuis février 2024, nous vous proposons sur Revue21.fr nos articles et récits photos en ligne. Pour que votre lecture soit encore plus fluide et agréable, nous avons lancé en septembre une nouvelle version du site.

Visuellement, les pages ont été retravaillées pour vous offrir une lecture à la fois zen et immersive. Taille des textes, écart entre les paragraphes, format des images… On ne lit pas sur un ordinateur ou sur un smartphone comme on le fait sur du papier. Il s'agit pour nous de préserver les qualités esthétiques de la revue et la variété de ses propositions – illustrations, photos, textes, infographies – tout en les adaptant à l'écran. Pour que vous preniez toujours autant de plaisir à nous lire, où vous voulez, quand vous voulez, sur tout type de support.

C'est dans cet esprit que nous avons mis en place un sommaire interactif au sein des grands récits que nous vous proposons chaque lundi. Afin que vous puissiez vous promener dans l'article et y revenir facilement après une pause.

Vous nous avez aussi fait part de votre attachement aux éclairages qui accompagnent les reportages et les enquêtes pour creuser le sujet. Recommandations culturelles, entretiens, coulisses… Ces formats informatifs peuvent être explorés au fil de l'article. Par ailleurs, le temps de lecture ainsi qu'une barre de progression évolutive au fil du scroll sont désormais affichés dans les récits.

Enfin, nous avons repensé notre page d'accueil comme une grande bibliothèque, dans laquelle chacun peut trouver le récit qui le tente. Amateur d'aventures ? D'enquêtes politiques ? De portraits de défricheurs ? Il y en a pour tous les goûts. Et, pour les nouveaux venus – ou les nostalgiques –, de nombreuses histoires issues de notre collection d'archives sont toujours accessibles librement. XXI

Dites-nous ce que vous pensez de cette nouvelle version de Revue21.fr en nous écrivant à redaction@revue21.fr

XXI REVUE21.FR

10, rue de la Fontaine-au-Roi, 75011 Paris
www.revue21.fr – Contact rédaction : redaction@revue21.fr

Directeur de la publication
Quentin Botbol (qbotbol@indigo.fr)

Directeur de la rédaction
Maurice Botbol (mbotbol@revue21.fr)

Rédactrice en chef
Elsa Fayner (efayner@revue21.fr)

Rédactrice en chef adjointe
Catherine de Coppet (cdecoppet@revue21.fr)

Chef d'enquête
Clément Fayol (cfayol@revue21.fr)

Journaliste, coordinateur du numérique
Rémi Bayol (rbayol@revue21.fr)

Directeur artistique
Quintin Leeds

Graphiste
Éléonore Nicolas

Directrice de la photo
Martina Bacigalupo

Chef d'édition
Frédéric Migeon

Correctrice
Éléonore Siboni

Cartographe
Alexandre Nicolas

Illustration de couverture
Antoine Moreau-Dusault

Photogravure
Apex Graphic

Communication
Sonia Reveyaz (sreveyaz@revue21.fr)

Relations libraires
Marie Le Flahec (mleflahec@revue21.fr)

Responsable administrative
Catherine Kintz (kintz@indigo.fr)

Service abonnement
XXI / TBS, 6 rue d'Ouessant, CS 38272, 35768 Saint-Grégoire cedex
01 40 94 22 09 – abo@revue21.fr
S'abonner sur www.revue21.fr

Publié par Indigo Éditions
10, rue de la Fontaine-au-Roi, 75011 Paris
Président : Maurice Botbol

Impression et façonnage :
Imprimerie Pollina – ZI de Chasnais
85407 Luçon Cedex France

PEFC 10-31-2065
Papier 100 % PEFC.
Provenance : Suède.
Taux de fibres recyclées : 0 %
Impact sur l'eau : Ptot 0,051 kg/t

Commission paritaire : 0626 D 89299
ISSN 1960-8853 – ISBN 978-235-638-188-0
Dépôt légal : novembre 2024

Ce numéro comporte un marque-page et un bulletin d'abonnement.

« Sous le chêne, je me sentais protégée »

Il se dressait, fier et majestueux, depuis des siècles au cœur de Silverton. Pour **Amy Tucker,** comme pour tous les habitants de ce petit village anglais, le gigantesque arbre ne pouvait pas disparaître. Jusqu'à ce jour fatal de janvier 2024.

« Je connais le chêne – c'est souvent comme ça qu'on l'appelle ici – depuis toujours. J'avais 1 an quand mes parents sont venus s'installer à Silverton, un petit village à 20 minutes en voiture d'Exeter. Leur maison, dans laquelle ma mère vit encore, est située de l'autre côté du parc, juste en face. Quand on ouvre la fenêtre du salon, c'est la première chose qu'on voit : l'arbre se dresse en plein milieu du gazon, gigantesque – il y a d'autres arbres en bordure du parc, mais aucun n'est aussi grand. Il a toujours été là. Depuis sept cents ans, paraît-il. Le chêne est devenu l'emblème du village, on le retrouve sur le t-shirt de l'école primaire. Après une courte période loin de Silverton vers mes 22 ans, je suis revenue m'installer ici. Mais de ma maison, on le voit moins bien.

Pour moi, cet arbre est associé à un garçon de mon enfance, le correspondant espagnol d'un ami. À chaque fois qu'il passait des vacances à Silverton, il insistait pour nous rendre visite avec sa famille d'accueil… pour voir l'arbre. C'était une attraction, il l'aimait tellement. Avec mes amis, c'était notre point de rendez-vous. Vers mes 11 ans, on passait des heures à jouer autour, à se balancer aux cordes accrochées à ses branches. Nos parents savaient où nous trouver. Un jour, le garçon espagnol s'est cassé le bras en tombant du chêne, ça m'a marquée. Pourtant, je me sentais toujours en sécurité près de lui. Je crois que mes camarades aussi. Il nous protégeait du soleil l'été et de la pluie à l'automne. C'était une bonne raison de jouer encore plus longtemps. J'aimais cette saison.

Le jour où il est tombé, j'étais au travail. C'était en janvier dernier. Je dirige une équipe d'apprenties puéricultrices dans une crèche, à Exeter. En plein après-midi, un ami m'a envoyé une photo de l'arbre à terre, j'ai immédiatement appelé ma mère. Elle avait entendu un énorme "boum" alors qu'elle regardait la télé, et elle était sortie dehors avec les voisins. Ça a été un choc énorme, tout le village était dévasté. J'ai récupéré ma fille à l'école, et avec d'autres parents nous sommes allés voir le chêne. C'était incompréhensible, il se dressait si calme et si fier le matin même.

Ce n'était pas un jour de grand vent. Une explication possible serait qu'il était déséquilibré depuis quelque temps. Un peu comme un vieil homme à qui on aurait retiré sa canne. Le conseil local a décidé de recueillir l'avis des habitants sur ce qu'il fallait faire du chêne. Certains ont proposé qu'on fabrique des bancs avec son bois pour se souvenir de lui. D'autres ont dit qu'ils avaient déjà fait pousser de jeunes arbres à partir de ses glands. La plupart d'entre nous ont souhaité le laisser à terre, afin de ne pas abîmer les habitats des animaux. Les branches ont été coupées et il ne reste plus au sol qu'une partie du tronc. L'endroit paraît vide désormais. C'est comme si le pouvoir de protection du grand chêne avait disparu avec lui. »

Propos recueillis par Catherine de Coppet
Illustration Léa Taillefert